外国人技能実習生
（介護職種）のための
よくわかる
介護の知識と技術

監修　一般社団法人シルバーサービス振興会

中央法規

はじめに

　この本は、介護職種の技能実習生が実習中に学ぶ「介護の知識と技術」について説明しています。

　日本は、世界の中でも急速に高齢化が進み、国民の4人に1人が高齢者の国です。日本では、高齢者が住み慣れた地域で、最期までその人らしく生活できるよう、介護職の知識と技術を深めてきました。そして、介護を行う専門職として、「介護福祉士」という国家資格が設けられています。

　外国人技能実習制度は、日本がみなさんの国に、専門的知識や技術の技能移転を行い、人材の育成を支援することを基本理念としています。この理念を踏まえ、介護の技能実習では、日本の介護の基本的な考え方や、ICF（国際生活機能分類）に基づくケアの在り方をはじめ、利用者の自立支援のための介護について理解してもらうことになります。

　人は誰もが歳をとります。しかし、体型、障害、病気、生活などは一人ひとり違います。その人にあった介護を提供するためには、正しい知識や技術が必要です。知識や技術は経験を積むことでより高めることができます。

　この本は、「移転対象となる業務内容・範囲」を参考に、Part 1「介護の仕事を支える考え方」と、Part 2「介護の仕事に必要な知識と技術」の2つのパートで構成されています。

　Part 1では、介護の仕事をしていくうえで、大切にしてほしい考え方や、介護職が支援する人たちについて学習します。Part 2では、身じたくの介護、移動の介護、食事の介護など、実際の介護場面で必要な知識と技術を学習します。理解しやすいように、介護の手順や、言葉の意味などはイラストを多く使って表現しています。

　異なる国で日本語と介護を学ぶことは簡単なことではありません。わからないことは、わからないままにするのではなく、技能実習指導員に聞きましょう。

　母国に戻ったときに、みなさんの知識と技術を活かすことができるよう、実習期間を大切に過ごしてください。本書が、みなさんの技能実習のお役に立つことを願っています。

2019年3月

一般社団法人シルバーサービス振興会

日本の介護を学ぶ意味

技能実習制度に介護分野が追加された背景

　世界保健機関（WHO）によると、人口の高齢化は世界中で進んでおり、日本は加盟国の中でも「世界一の長寿国」になっています。日本の総人口は、2016年10月1日現在、1億2,693万人ですが、このうち、65歳以上の高齢者人口は3,459万人で、総人口に占める割合（高齢化率）も27.3%となっており、世界のどの国よりも高い割合です。また、2017年の平均寿命は、男性が81.09歳、女性が87.26歳となり、過去最高を更新し続けています。

　WHOでは、65歳以上の人口が7%になると「高齢化社会」、14%になると「高齢社会」、と定義されています。「高齢化社会」から「高齢社会」になるまでのスピードを比べてみましょう。ヨーロッパで高齢化が一番速く進んだドイツは、1930年から1972年までの42年間です。フランスでは1865年から1979年までの114年もかかっているのに比べ、日本では1970年から1994年までの24年間という、とても速いスピードで高齢社会になったのです。

　日本は平均寿命、高齢者の数、高齢化のスピードという3つの点において、世界の国々がまだ経験したことのない「超高齢社会」に突入しています。加えて、認知症高齢者が増えていることも課題となってきています。また、高齢者は増えているのに、子どもの数は減っており、年金、医療、介護などの社会保障のシステムを維持していくための改革が進められています。

　日本がどのように超高齢社会へ対応するのか、世界の国々から大きく注目されています。これから日本よりもさらに速いスピードで高齢化が進むと予想されているアジアの国々からの関心は、とても高くなっています。

　こうした背景のもと、「技能実習制度」に介護分野が追加されました（以下、「介護技能実習制度」という）。アジアの国々で高齢化が進む中、技能実習生制度は、それぞれの国の高齢化への対応においても、日本の国際貢献としても大きな意義があります。

日本の介護のしくみ

　日本では、昔から、高齢者に感謝し、尊敬するという価値観があります。高齢者が介護の必要な状態になると、家族が介護をしてきました。しかし、高齢化が進み、認知症などの介護を必要とする高齢者が増えました。また寿命が延びたことで、介護期間が長くなり、重度化が進むというリスクも増えました。

　その一方で、子どもの数が減り、核家族（夫婦のみ、親子のみの家族）が増えています。また、高齢者だけの家族の増加や、介護する家族の高齢化なども深刻な問題となってきています。

　このように介護を支えてきた家族の状況が変わり、家族だけで介護することが難しくなっています。このため、社会全体で介護をするために、2000年から「介護保険制度」が始まりました。

　介護の基本理念として高齢者などがたとえ介護が必要になっても、住み慣れた地域や住まいで尊厳ある自立した生活を送ることができるよう社会全体で支援することを目指す仕組みができたのです。

　技能実習生のみなさんが、日本の介護を理解するためには、まずは日本の環境・生活文化・習慣といった、高齢者の暮らしについて知ることから始めるとよいでしょう。そして「介護保険制度」などの政策や、「介護福祉士」などの資格制度の中で組み立てられている、介護の基本的な考え方や技術について理解してもらいたいと思います。

　技能実習の期間は最長5年間です。その期間中に、単なる介護の手順を学ぶだけでなく、介護を行う根拠や考え方を理解してもらいたいと思います。

技能実習制度と評価試験の概要

技能実習制度

　技能実習の期間は最長5年間であり、技能実習計画に基づいて行われます。技能実習の区分は、入国後1年目の技能等を修得する活動（第1号技能実習）、2・3年目の技能等に習熟するための活動（第2号技能実習）、4年目・5年目の技能等に熟達する活動（第3号技能実習）の3つに分けられます。

　第1号技能実習から第2号技能実習へ、第2号技能実習から第3号技能実習へそれぞれ移行するためには、技能実習生が介護技能実習評価試験（2号への移行の場合は「学科試験」と「実技試験」が必須、3号への移行の場合は「実技試験」のみ必須で「学科試験」は任意）に合格していることが必要です。

　第1号技能実習では、技能実習指導員の指示を受けて基本的な介護ができることが求められます。第2号技能実習、第3号技能実習では、自ら、介護業務の基盤となる能力や考え方に基づき、利用者の状況に応じた介護をできることが求められます。つまり、3年目以降は、指示がなくとも、自分で考えて介護を行うことができるようになることが求められています。

介護技能実習評価試験

　介護技能実習評価試験は、技能実習を行っている事業所で、実際の利用者への介護を評価します。第1号技能実習の試験では、技能実習指導員の指示のとおりに介護ができているかを評価します。第2号技能実習、第3号技能実習の試験では、指示ではなく、自分で考えて介護を行うこと、介護を行う根拠の説明ができることを評価します。

　また、利用者とのコミュニケーションも重要なため、日本語の学習も必要です。日本に入国する際は、日本語能力試験N4レベル相当の能力が必要とされ、第1号技能実習から第2号技能実習へ移行する際は、日本語能力試験N3に相当する能力が必要となります。

　介護技能実習評価試験は、移転すべき知識や技能が技能実習生に修得されているかどうかについて、評価試験を実施するものです。初めは難しいように感じられるかもしれませんが、この本でしっかり学習し、疑問点は積極的に技能実習指導員に相談しましょう。

■ 試験概要

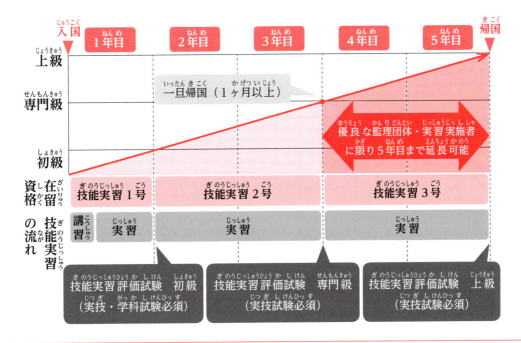

◆第1号技能実習から第2号技能実習へ、第2号技能実習から第3号技能実習へそれぞれ移行するためには、技能実習生本人が技能実習評価試験（2号への移行の場合は学科試験と実技試験、3号への移行の場合は実技試験）に合格していることが必要
◆また、第3号技能実習が修了する前にも、介護技能実習評価試験（実技試験）を受検する必要あり
◆技能実習期間が5年の場合、計3回介護技能実習評価試験を受検することになる

目次

はじめに

日本の介護を学ぶ意味

技能実習制度と評価試験の概要

この本の学び方

Part 1 介護の仕事を支える考え方

Chapter 1 介護で大切なこと ………………………………… 2

❶ 尊厳を支える介護 ………………………………………… 2

❷ 自立のための介護 ………………………………………… 7

❸ 利用者を支える人たち …………………………………… 10

Chapter 2 安全確保とリスク管理 14

❶ 介護事故 …………………………………………………… 14

❷ 感染症 ……………………………………………………… 17

❸ 健康管理 …………………………………………………… 21

❹ 環境整備 …………………………………………………… 22

Chapter 3 コミュニケーション技術 ………………… 27

❶ コミュニケーションとは ………………………………… 27

❷ コミュニケーション技術の基本 ………………………… 30

❸ 利用者・家族とのコミュニケーション ………………… 30

❹ 利用者の状態に応じたコミュニケーション ………… 33

❺ 職員とのコミュニケーション …………………………… 36

Chapter 4 こころとからだのしくみ ………………… 41

❶ からだのしくみ …………………………………………… 41

❷ こころのしくみ …………………………………………… 46

Chapter 5 老化の理解 ……………………………………… 51

❶ 老化のこころとからだの変化 …………………………… 51

❷ 病気と症状 ………………………………………………… 53

Chapter 6 認知症の理解 ………………………………………………… 61

❶ 認知症について ………………………………………… 61

❷ 脳の障害で起こる症状（中核症状）………………… 63

❸ 環境などで起こる症状（行動・心理症状）………… 67

Chapter 7 障害の理解 ………………………………………………… 70

❶ 障害とは ………………………………………………… 70

❷ 障害のある人への対応 ………………………………… 71

Part 2 介護の仕事に必要な知識と技術

Chapter 1 身じたくの介護 ………………………………………… 80

❶ 身じたくの介護を行う前に …………………………… 80

❷ 衣服の着脱の介護 ……………………………………… 82

❸ 整容の介護 ……………………………………………… 91

❹ 口腔ケア ………………………………………………… 96

Chapter 2 移動の介護 ………………………………………… 102

❶ 移動の介護を行う前に ……………………………… 102

❷ 移動をする環境と福祉用具 ………………………… 105

❸ 寝返り、起き上がり、立ち上がりの介護 ………… 107

❹ 車いすの移乗の介護 ………………………………… 110

❺ 車いすの移動の介護 ………………………………… 115

❻ 歩行の介護 …………………………………………… 118

❼ 視覚障害（目が見えない人、目が見えにくい人）の歩行 … 120

❽ 移動・移乗を支援する道具 ………………………… 122

Chapter 3 食事の介護 ………………………………………… 124

❶ 食事の介護を行う前に ……………………………… 124

❷ 食事の準備 …………………………………………… 127

❸ 食事の介護 …………………………………………… 130

Chapter 4 入浴、身体清潔の介護 ………………………… 134

❶ 入浴の介護を行う前に ………………………………… 134

❷ 入浴の介護 …………………………………………… 137

❸ 手浴・足浴の介護 …………………………………… 144

❹ 洗髪の介護 …………………………………………… 147

❺ 清拭 …………………………………………………… 148

❻ 褥そうの予防 ………………………………………… 150

Chapter 5 排泄の介護 ………………………………… 153

❶ 排泄の介護を行う前に ……………………………… 153

❷ トイレでの排泄の介護 ……………………………… 158

❸ ポータブルトイレでの排泄の介護 ………………… 161

❹ 尿器や便器を使用した排泄の介護 ………………… 164

❺ ベッド上での紙おむつを使用した排泄の介護 …… 166

❻ 立位での紙おむつのつけ方 ………………………… 169

❼ おむつを使うことによる影響 ……………………… 170

参考　働く場所の理解

技能実習生が働く施設 ………………………………… 174

利用者の1日の生活 …………………………………… 177

技能実習生を保護するしくみ ………………………… 179

監修・編者・日本語監修・執筆者一覧

この本の学び方

特徴

■介護の現場でよく使用する専門用語、からだの名称、症状などは、実習中に読むことがあるので漢字にしています。

■重要語句（キーワード）を色文字で表現しています。

■難しい日本語には♣マークをつけ、Chapterの最後に「言葉の意味」を記載しています。

■理解を深めてもらうために、図やイラストを多く使用しています。

■実習期間中に学ぶ内容が記載されているため、実習1、2年目は読めないもの、わからないものがあるかもしれません。そのときは技能実習指導員に教えてもらいながら学習してください。

本文表記

■「介護」と「介助」は、介護現場でよく使用されている用語ですが、この本では「介護」に統一しています。ただし、例）のように一般的な名前には「介助」を使用しています。

例）介助ブレーキ、一部介助、全介助

介護の仕事を支える考え方

Chapter 1 介護で大切なこと

❶ 尊厳を支える介護

1 利用者主体

介護職が介護をする人を「利用者」と言います。みなさんは食事、トイレ、入浴などは自分でできますが、利用者は自分でできないので、介護職の支援が必要です。

利用者から介護を頼まれたとき、介護職は自分の考えや都合ではなくて、利用者のことを一番に考えなければなりません。これを利用者主体と言います。そして、介護職が利用者を介護するときに大切にすることが、人間の尊厳と自立支援です。

尊厳のある暮らしとは

人にはそれぞれの「生活のこだわり♣1や歴史」があります。介護が必要になっても、今までの暮らしを続けられることが大切です。

尊厳のある暮らしの支援では、利用者が「今までの生活」をこれからもできるように環境♣2を整えます。そして、介護職は生活のしづらさ♣3のある部分を介護します。

自立支援とは

介護職が行う自立支援は、「利用者が自分の力でできるようにする」だけではありません。

私たちは、毎日の生活の中で、たくさんのことを自分で決めています。利用者にも、同じように自分で決めてもらうことが大切です。これを自己決定と言います。

服装やご飯を食べる順番など、介護職が決めるのではなく、利用者が自分で決めることが大切です。そして、介護職は利用者の持っている力を活かし♣4ながら、利用者の希望に合った介護をします。

利用者の持っている力を活かす

介護職の考えを押しつけ♣5ないで、利用者に選んでもらう

2 倫理観

倫理観は専門職として守らなければならない考え方のことです。介護職は知識や技術を、利用者の自立支援と、利用者の尊厳を守るために使います。介護職は利用者のプライバシー♣6の保護♣7、利用者の秘密♣8を守ることをいつも考えて介護します。

とくに、認知症（理解力や判断力が低下する病気）の利用者を介護するとき、介護職は利用者の権利♣9を守ることを強く考えることが必要です。

プライバシーの保護

利用者の入浴の介護や排泄の介護をするとき、利用者が恥ずかしい思いをしないように気をつけましょう。

秘密保持♣10

介護職は利用者によい介護をするために、利用者の情報を知らなければなりません。しかし、仕事以外で、利用者の個人情報を他の人に話してはいけません。

施設の職員ではない人がいる場所で利用者のことを話してはいけません。

3 QOL

　QOLは「Quality of Life」のことです。日本語では、「生活の質」「生命の質」です。QOLは利用者の生活を支援するのに、とても大切な考え方です。

　人は毎日の生活の中で、「したいこと」ができると幸せを感じます。利用者も同じように、「買い物がしたい」「花を見たい」「絵を描きたい」など、たくさんの「したいこと」があります。

　介護職は介護をするとき、利用者のQOLを考えます。利用者のQOLをよくするために、介護職は利用者に「したいこと」をしてもらい、充実♣11した生活にすることを大切にします。

　しかし、認知症などの病気で、自分のしたいことを介護職に言うことができない利用者もいます。そのような場合、介護職は「自分がその人だったらどのようなことをしたいか」を考えて、介護をしましょう。

4 虐待防止

　虐待は、利用者を傷つける♣12行為です。利用者への虐待は法律で禁止されています。

　虐待は5種類あります。虐待は、殴る、蹴るなどの暴力だけでなく、悪口を言うなど、利用者のこころを傷つける行為のことも言います。

　高齢者の世話をしている家族などが虐待しているのを見た場合は、市町村に通報する♣13ことが法律で決められています。施設などで、介護職が虐待をしているのを発見♣14した場合も同じです。

■ 虐待の種類

身体的虐待
つねる、殴る、蹴るなど、利用者のからだに痛みを与える♣15ことです。

介護等放棄（ネグレクト）
食事をさせない、お風呂に入れないなど、利用者の介護をしないことです。

心理的虐待
怒鳴る、悪口を言うなど、利用者が嫌がることを言うことです。

性的虐待
理由もなく裸にする、下着のままにするなど、利用者に性的な苦痛♣16を与えることです。

経済的虐待
年金や貯金を、利用者が同意しないのに使用するなど、利用者のお金を使うことです。

介護職による虐待の状況

調査では、介護職による虐待は、身体的虐待が一番多いです。
虐待の原因は「教育・知識・介護技術等に関する問題」が一番多いです。介護職は虐待をしないために、介護の正しい知識を知っておきましょう。

■ 介護職による虐待の状況

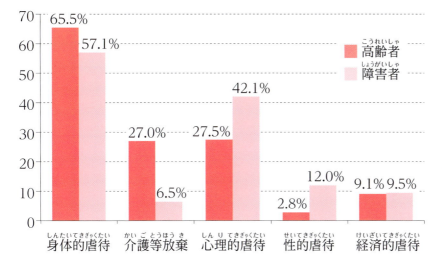

身体的虐待　高齢者 65.5%　障害者 57.1%
介護等放棄　高齢者 27.0%　障害者 6.5%
心理的虐待　高齢者 27.5%　障害者 42.1%
性的虐待　高齢者 2.8%　障害者 12.0%
経済的虐待　高齢者 9.1%　障害者 9.5%

【出典】
平成28年度「高齢者虐待の防止　高齢者の養護者に対する支援等に関する法律」に基づく対応状況等に関する調査結果（厚生労働省）
平成28年度「障害者虐待の防止　障害者の養護者に対する支援等に関する法律」に基づく対応状況等に関する調査結果（厚生労働省）

5 身体拘束の禁止

身体拘束は利用者が自由に自分のからだを動かすことができないようにすることです。身体拘束は、法律で原則[17]禁止されています。

からだを縛るだけでなく、ベッドを柵で囲む、部屋に鍵をかけて外に出られないようにすることも身体拘束になります。

■ 身体拘束となる行為の例

動けないように、からだや手足を紐で縛る

自分で降りられないように、ベッドを柵で囲む

ミトン型の手袋をつける

車いすベルトをつけて、立ち上がれないようにする

抗うつ薬などの薬をたくさん飲ませる

部屋に鍵をかけて、出られないようにする

身体拘束の弊害[18]

身体拘束は、利用者の尊厳を傷つけたり、身体能力の低下や認知症の悪化などを起こします。認知症で歩き回る利用者がいたら、身体拘束をするのではなく、しっかり見守りをするなど、介護方法を考えることが大切です。

❷ 自立のための介護

1 介護過程

利用者の自立支援をするために、**介護過程**♣19 を基に介護を行います。介護過程は①**アセスメント（情報収集**♣20・**課題**♣21**検討**♣22）→②**計画立案**♣23→③**実施**♣24→④**評価**♣25 の流れで行います。

介護過程の基本的な流れ

①アセスメント（情報収集・課題検討）
● 利用者に関する情報を集めて、利用者の課題を検討します。

指の痛みで、箸で食べることが難しい

②計画立案
● 利用者に介護する内容を考えます。

利用者が、自分で痛みなく食事ができるように、スプーンを使ってもらう

③実施
● 利用者に計画した内容の介護をします。

スプーンを使うことで痛みなく、食事ができる

7

④評価
● 介護計画の内容が利用者に合っているか、評価します。次の段階に進むために、計画を修正することがあります。

痛みが強い場合は、介護職が介護する
痛くないときはスプーンを使って、自分で食べてもらえるようになった

> **介護のポイント**
> ・介護計画は、利用者一人ひとり異なり[26]ます。
> ・介護をするときに、全介助、一部介助、見守りのどれが必要か確認しましょう。
> ・介護はチームで行うので、介護計画を基に介護をすることが大切です。

2 ICF

ICFは「International Classification of Functioning, Disability and Health」の略です。日本語では「国際生活機能分類」と言います。

■ ICFの構成要素

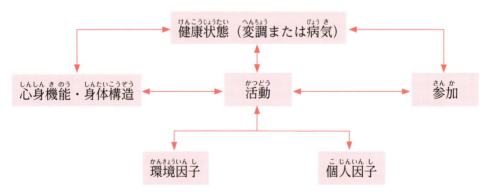

図の言葉はICFの考え方の内容です。構成要素と言います。構成要素は全部双方向の矢印（⟷）でつながっています。これは、一つの構成要素が変われば他の構成要素も変わるという意味です。

3 ICFの視点[27]

利用者のプラス面[28]を見る視点

　これまで、介護の現場では利用者の「マイナス面[29]を見る」ことが多かったですが、ICFでは「プラス面を見る」という考え方をしています。
　例えば、両足に麻痺がある利用者がいたとき、「両足が動かない」と思うでしょうか。「両足が動かない」＝「何もできない」ということではありません。「両手が動く」のなら、自分で車いすを使って移動することができます。介護職は利用者の「できないこと」だけを見るのではなく、「できること」を見つけることが大切です。

両足が動かない　　　　　　　両手が動く

利用者の環境を整える視点

　利用者が車いすで外出しようとしたとき、階段があると、外出することができません。しかし、スロープにすれば、外出することができるようになります。
　利用者が活動に参加するには、利用者の環境を整えることが大切です。利用者だけを見るのではなく、利用者の環境も見ることが大切です。

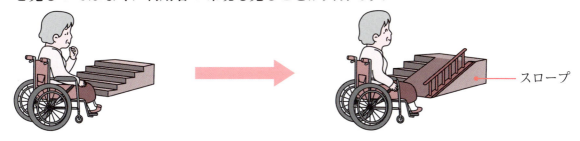

スロープ

介護のポイント

　介護過程を行うとき、ICFの考え方を理解することが大切です。

❸ 利用者を支える人たち

1 多職種[30]の理解

　施設では、介護職以外の専門職が、専門性を活かして、利用者に関わっています。利用者の支援は、専門職が別々に行うのではなく、情報交換をしながら行います。介護職がいっしょに仕事をすることが多い、他の専門職について理解しましょう。

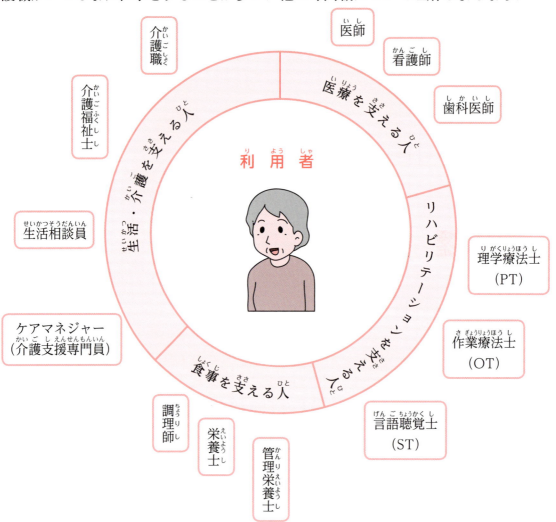

医療を支える人

　医療系の専門職には、医師や看護師がいます。
　医学的な知識、技術で、医師や看護師がする行為を「医行為」と言います。介護職は原則として医行為をすることはできません。
　利用者は、病気の人が多いので、医療職との連携[31]はとても大切です。利用者のからだに異常[32]を発見したときは、すぐに医師、看護師に報告します。

医師

病気の診断や治療などをします。

看護師

利用者の健康管理や、褥そう（床ずれ）の処置♣33などをします。

わからないときは必ず技能実習指導員や医療職に聞きましょう。

■ 介護職ができること（原則として医行為でないもの）

- 薬を飲むことの介護
- 軟膏を塗ること（褥そうの場合はできない）
- 湿布を貼ること
- 目薬をさすこと
- 座薬を入れること
- 軽い切り傷や擦り傷の処置
- 体温計を使った体温測定
- 自動血圧測定器を使った血圧測定
- 耳あかを取る（耳あかが固まっていない場合）
- つめ切り（つめに異常がない場合）

など

リハビリテーションを支える人

リハビリテーションをする専門職は、**理学療法士**（PT）、**作業療法士**（OT）、**言語聴覚士**（ST）がいます。

理学療法士

歩行など、動作能力の回復♣34を支援します。

作業療法士

日常生活に必要な行為の回復を支援します。

言語聴覚士

話すことや飲み込み（嚥下）に課題がある利用者を支援します。

覚えておこう！

リハビリテーション

リハビリテーション（Rehabilitation）は「元の状態に戻す」という意味があります。介護現場では「リハビリ」と言います。一般的に、身体能力をよくする「機能回復訓練」の意味で使われることが多いのですが、リハビリテーションは身体だけでなく、社会生活についても使います。

利用者の食事を支える人

- 調理師は利用者に食事をつくります。
- 管理栄養士は、食生活すべての管理をします。

調理師　　　　　　　　管理栄養士

利用者の生活を支える人

- 生活相談員は、施設の入所の手続きや家族との連絡、調整♣35 をします。
- ケアマネジャー（介護支援専門員）は、介護サービスの計画（ケアプラン）をつくります。
- 介護職は、利用者の介護だけではなく、レクリエーションをすることがあります。

生活相談員　　　　　　ケアマネジャー
　　　　　　　　　　　（介護支援専門員）

📖 覚えておこう！

レクリエーション

利用者が歌を歌ったり、習字などをする趣味活動の時間をレクリエーション（recreation）と言います。介護現場では、「レク」と言います。

言葉の意味

♣1 **こだわり**…とても気になっていること、とても気にしていること

♣2 **環境**…まわりのようす

♣3 **しづらさ**…しにくさ（しづらい＝しにくさ）

♣4 **活かす**…じょうずに使うこと

♣5 **押しつける**…相手の意思を考えないで、させること

♣6 **プライバシー**…自分の情報や知られたくない情報を守る権利

♣7 **保護**…守ること

♣8 **秘密**…他の人に知られたくないこと

♣9 **権利**…人がだれでも持っているもの。自分の意思や考えでなんでも決めることができる

♣10 **保持**…ずっと同じ状態にしておくこと

♣11 **充実**…豊かなこと

♣12 **傷つける**…けがをさせる。こころについても使う

♣13 **通報する**…情報を知らせること

♣14 **発見**…見つけること

♣15 **与える**…あげること

♣16 **苦痛**…からだやこころが痛くて苦しいこと

♣17 **原則**…基本的な規則

♣18 **弊害**…他のものを悪い状態にすること

♣19 **過程**…結果までの順序

♣20 **情報収集**…情報を集める

♣21 **課題**…うまくいくようにしなければならない問題

♣22 **検討**…いろいろ調べて、よいかどうか考えること

♣23 **計画立案**…計画をつくる

♣24 **実施**…する

♣25 **評価**…どのくらい役に立つか、よいかどうか決めること

♣26 **異なる**…違うこと

♣27 **視点**…考え方

♣28 **プラス面**…よいところ

♣29 **マイナス面**…悪いところ

♣30 **多職種**…いろいろな種類の仕事

♣31 **連携**…他の人と協力すること

♣32 **異常**…普通ではないこと

♣33 **処置**…傷や病気の状態に合わせて治療すること

♣34 **回復**…元の状態に戻ること

♣35 **調整**…うまくいくようにすること

Chapter 2 安全確保とリスク管理

① 介護事故

1 介護事故の種類

高齢者のからだはいろいろ変化しているので、事故が起きやすいです。介護の現場では「転倒・転落」「やけど」「誤嚥」などの事故が多く起こります。介護事故が起きたときの対応や、事故の予防について学びます。

転倒・転落

転倒

転落

高齢者は筋力が低下しているので、転倒や転落による事故が多いです。転倒・転落は「トイレ」「風呂」などの場所や「車いす」「移乗」などの介護場面で起きやすいです。

車いすからの転落

移乗の際の転倒・転落

やけど

やけどは、火や熱い湯などによって起こる事故です。

カイロなどの低い温度でも低温やけどをすることがあります。低温やけどは、皮膚を見ただけではわからないこともあります。医師や看護師に症状をみてもらうことが大切です。

■ 低温やけどの原因になるもの

温熱便座

湯たんぽ

カイロ

誤嚥

誤嚥は食べ物や飲み物が気管に入ることで起こる事故です。誤嚥をしないように、介護職は食形態♣5や食事の姿勢に注意して、介護を行うことが大切です。(Part2 Chapter3「食事の介護」で詳しく説明)

2 介護事故の対応・報告

事故が起きたときは、すぐに職員[6]や事業所の責任者に報告することが大切です。事業所には事故報告のルールがあります。介護職はルールの通りに行動します。
　また、利用者の状態の確認が必要です。全身の状態や出血があるか、痛みがあるかなどを確認します。転倒で痛みがある場合は、からだを動かさないようにします。

誤嚥した場合

口腔内から食べ物を取り除く[7]ために、左右の肩甲骨の間を強く叩きます

転倒した場合

無理に[8]動かさないで、痛みの部位や腫れ、出血がないか確認します

3 事故予防

　事故を予防するためには、利用者のからだや環境を観察[9]し、いつもと違うようすに気づくことが大切です。高齢者の生活の場には、利用者も気づかないいろいろな危険があります。介護職が「何かおかしい」と気づくことで事故を防ぐ[10]ことができます。いつもと違うと感じたら報告・連絡をしましょう。

■ 事故を予防するための観察ポイント
- 利用者の動作や表情に変化はないか
- 居室やトイレは片づいているか
- 尿臭[11]や腐敗臭[12]はしていないか
- うまく話せるか、声に元気はあるか
- まわりからいつもしない音がないか

❷ 感染症

感染症は、病原体[13]がからだの中へ入って、いろいろな症状を起こす病気です。病原体の種類によって症状[14]は違います。また、感染症になると、人にうつして感染を広げてしまうことがあります。

1 感染症の種類

感染の原因になる感染源は、図のように、体液・血液・排泄物（おう吐物、尿、便）があります。感染源に病原体がいると感染症が広がります。

感染源の種類

体液（だ液、鼻水）

血液

排泄物（おう吐物、尿、便）

感染経路と原因

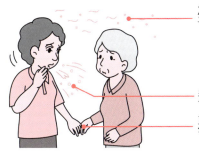

空気感染（結核など）

飛沫感染（インフルエンザウイルスなど）

接触感染（ノロウイルスなど）

感染している人　感染していない人

おもな感染症の症状

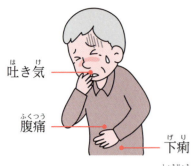

ノロウイルスによる症状

インフルエンザウイルスによる症状

結核による症状

2 感染症の予防

　感染症の予防のために手洗いとうがいをします。介護をするときには手袋やマスクをすることがあります。とくに感染源があるものを触るときは、必ず手袋をします。
　また、介護職は感染症をうつさないように注意します。

介護職の感染症対策

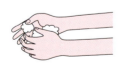

しっかり手を洗う

マスクを使う

使い捨て♣16手袋を使う

うがい

うがいは、のどや口の中をきれいにするために、水を口に入れて洗うことです。病原体が入らないように、うがい薬を使う場合があります。

■ うがいの手順

ガラガラ…

- うがいする前には、手洗いをしましょう
- 上を向き、「ガラガラ」と音を出してから、吐き出します

手洗い

外から入ってきたときは必ず手洗いを行います。感染症を予防する方法として手洗いは大切です。正しい手洗いの順序を覚えましょう。手の汚れやすい部分に注意します。とくにつめは汚れが残りやすいので、短く切っておきましょう。

■ 手の洗い方

①指輪、時計をはずす　②手を濡らす。流水で洗う　ためた水で洗わない

流水

③石けんを手に取る　④手のひらを合わせてこする　⑤手の甲を洗う

手のひら　手の甲

⑥指の先、つめの間を洗う　⑦指の間を洗う　⑧ねじり洗いをする

 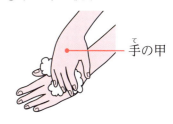 

指の先

⑨手首を洗う

⑩水で流し、ペーパータオルなどで拭く

■ 手のよごれやすい部分

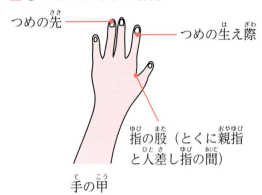
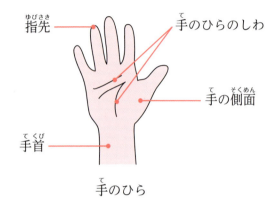

つめの先／つめの生え際／指の股（とくに親指と人差し指の間）／手の甲

指先／手のひらのしわ／手の側面／手首／手のひら

おう吐物の処理

おう吐物はまわりに飛んでいます。清掃するときは、マスクや手袋に加えて、ゴーグル、エプロン、帽子などもつけましょう。

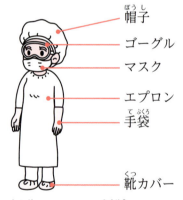

帽子／ゴーグル／マスク／エプロン／手袋／靴カバー

おう吐物を処理するときの服装

感染症予防のための環境管理

湿度の管理

汚れた空気を出して、きれいな空気を入れる

消毒
（ドアノブ、スイッチ、手すりなど）

❸ 健康管理[17]

健康の管理は働く人にとって大切なことです。利用者によい介護をするために、介護職は健康な状態でなければなりません。健康には、こころの健康とからだの健康があります。

1 からだの健康管理

介護を安全に行うためには、介護職のからだが健康でなければなりません。からだが疲れているときは、食事と睡眠と休養[18]をとるようにしましょう。

からだが疲れているときの対応

①眠い
寝室の環境をよくして、よく眠れるようにしましょう。

②頭痛や肩こり
ストレッチをしましょう。

③風邪
感染予防をします。栄養が多い食事をしましょう。

④腰痛
ボディメカニクスを使いましょう。

腰痛の予防

介護職は利用者の移動の介護をするので、腰痛になりやすいです。腰痛を予防するためにボディメカニクスを覚えましょう。ボディメカニクスは、人間のからだの使い方や動かし方のことです。（Part2 Chapter2「移動の介護」で詳しく説明）

2 こころの健康管理

こころの健康は、「元気に自分らしく生きるため」に必要です。

介護の仕事は、ストレスを感じやすい仕事です。ストレスとは、こころやからだに負担[19]が大きい状態です。

介護の仕事では、利用者、家族、職員など人との関係が多くて、ストレスの原因にもなります。

ストレスへの対応

こころの健康のために、ストレスがあるときは、他の人に相談します。好きなことをしたり、休むこともよいでしょう。

悩みを相談する

好きなことをする

利用者の死

介護職がストレスを感じる場面に「利用者の死」があります。恐怖[20]を感じる、悲しくなる、落ちこむ[21]ことは誰にでも起こる気持ちです。まわりの職員と気持ちを共有[22]することは、気持ちの整理[23]になります。

4 環境整備

1 物品管理

物品管理の基本は、利用者の生活の仕方を大切にすることです。介護職の判断[24]で必要ではないと感じるものを捨てたり、整理したりしてはいけません。

利用者の生活の場にあるものは、利用者の同意がなければ捨てることはできません。必ず、利用者に必要なもの、必要ではないものの確認をします。

2 掃除

　掃除は、気持ちよく生活をするために、ごみやほこり汚れなどを掃いたり拭いたりして住まいの内外を清潔にすることです。掃除した清潔な住まいは、気持ちがよくて健康で安全な生活の場となります。

　介護職は利用者の生活の仕方を大切にして、掃除を行います。介護職の考えだけではなく、利用者に聞きながら利用者といっしょに行うことが大切です。

掃除の意義

- 清潔を保つ♣25 ことは、ほこりやカビで起こる病気からからだを守ります。
- 清潔になることで、清々しい♣26 気分になりこころが安定します。

介護のポイント

・掃除用具のある場所を確認しましょう。
・掃除のときに移動したものは、掃除が終わったら元の位置に戻します。

3 ベッドメイキング

　介護職は利用者の睡眠環境を整えるためにベッドメイキングをします。

　ベッドメイキングは、利用者の気持ちよい睡眠のために大切です。季節に合わせて寝具を整えたり、シーツ、枕カバー、タオルケットなどは洗濯して清潔にします。

シーツの交換

洗濯した清潔なシーツはシワがない状態にすることが大切です。

①使用する寝具を順番に用意します。

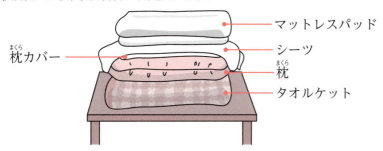

②ベッドの中心に合わせてマットレスパッドを広げます。

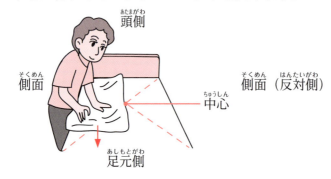

③ベッドの中心に合わせてシーツを広げます。

④頭側のシーツを、マットレスの下に入れます。

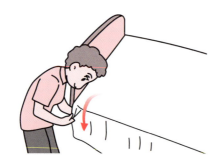

⑤頭側にコーナーをつくります。足元側も同じようにコーナーをつくります。

⑥側面のシーツもマットレスの下に入れます。ベッドの反対側のシーツも同じようにします。

⑦枕を置いて、タオルケットを頭側から足元に広げます。

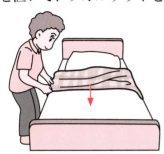

■ コーナーのつくり方

コーナーの余ったシーツで三角形をつくる

マットレスをおさえながらシーツをひっぱる

シーツをおろす

シーツをマットレスの下に入れる

介護のポイント

居室の床は、ほこりなどで汚れているかもしれません。床に膝をつくと介護職自身が感染源になってしまう危険があります。

言葉の意味

♣1　リスク…危ないこと

♣2　管理…よい状態でいるように気をつけること

♣3　変化…変わること

♣4　予防…起こらないようにすること

♣5　食形態…食べ物の形

♣6　職員…いっしょに働く人

♣7　取り除く…取って、なくなるようにする

♣8　無理に〜する…悪い結果になると思うことをする

♣9　観察…よく見ること

♣10　防ぐ…ならないようにする

♣11　尿臭…尿のにおい

♣12　腐敗臭…食べ物のくさったにおい

♣13　病原体…病気の原因になるもの

♣14　症状…病気やけがの状態

♣15　悪寒…熱があって寒けがすること

♣16　使い捨て…一回使ったら捨てること

♣17　健康管理…健康な状態でいられるようにすること

♣18　休養…休むこと

♣19　負担…できることを超えた重すぎる仕事や責任

♣20　恐怖…恐いと思う気持ち

♣21　落ちこむ…元気がなくなって何もする気になれない状態

♣22　共有…いっしょに持つこと

♣23　気持ちの整理…いろいろな気持ちが混ざっている状態を整理すること

♣24　判断…よいか悪いか決めること

♣25　保つ…同じ状態にしておくこと

♣26　清々しい…とても気持ちがよい

Chapter 3 コミュニケーション技術

❶ コミュニケーションとは

コミュニケーションは、人と人が理解し合うために大切なことです。介護職はコミュニケーションで利用者のしたいことやできることを理解します。

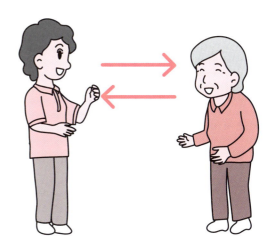

1 言葉によるコミュニケーション

「話す」、「筆談（P.34参照）」、「手話（P.34参照）」などは言葉でのコミュニケーションです。「言語的コミュニケーション」と言います。言語的コミュニケーションで大切なことが2つあります。

コミュニケーションで大切なこと

言葉が相手に明確❖1で具体的にわかりやすく伝わることが大切です。

わかりやすい言葉の例

【〇 よい例】　　　　　　　　　　　　　【× 悪い例】

Aさんは昼食で、おかずを半分、ご飯を半分食べました

Aさんは、ご飯をほとんど食べられませんでした

> 確認

　介護の現場では「確認する」をよく使います。確認は利用者の安全のために大切です。「確認する」にはいろいろな意味があります。確認する内容がわからないときは、職員に聞きましょう。

■ 確認の種類
① 確かめる
② 利用者の同意♣2 をもらう
③ 消灯時間やお風呂の温度など、決められていることを調べる
④ 介護を行う前に、利用者の状態を見たり、聞いたり、触ったりして調べる

2 言葉ではないコミュニケーション

　言葉ではないコミュニケーションには、「身振り♣3」「姿勢」「表情」「ボディタッチ♣4」「距離♣5」などがあります。
　相手の気持ちを「目で見る」「耳で聞く」「からだで感じる」ことができます。

> 身振り

　ジェスチャーなどからだを使ったコミュニケーションです。

OKサイン

> 姿勢

　からだを前に出して話を聞くと、よい印象♣6 になります。腕組みをしてコミュニケーションをすると、利用者は嫌な気持ちになります。あくびはおもしろくないと思っているように見えます。

からだを前に出す　話を聞く姿勢

腕組み

あくび

28

表情♣7

表情は気持ちを伝える大切なコミュニケーションです。コミュニケーションの内容にあった表情をすることが大切です。

笑顔

表情がない

距離

コミュニケーションのときは、相手との距離感♣8が大切です。初めて会った人には近づきすぎないで声かけすることが大切です。

ちょうどよい距離

近すぎる距離

ボディタッチ

ボディタッチが多いと、相手に不快感♣9を与えることがあります。相手が嫌がっていないか確認しましょう。

❷ コミュニケーション技術の基本

1 傾聴

傾聴とは、相手が伝えようとしていることを、しっかり聞くことです。
　利用者の話を聞くときは、利用者に自分がしっかり聞いている態度を見せます。話を聞いていることがわかると、利用者は安心します。

2 共感

共感は、利用者になったつもりで、思いや感情を理解することです。伝わった利用者の思いを、自分の言葉と表情で利用者に伝えます。

3 受容

受容は、相手のそのままを受け入れることです。利用者は受け入れてもらえているとわかると、コミュニケーションがよくなります。相手がどんな状態でも、そのままを受け入れる姿勢が大切です。

❸ 利用者・家族とのコミュニケーション

1 利用者とのコミュニケーションの基本

相手が話したくなる態度や姿勢でコミュニケーションをすると、利用者も楽しく会話ができます。
　まず、自分の名前を言います。そして、相手の名前を呼びます。

利用者の名前を呼ぶ

今日はとっても気分がいいよ。
いつもありがとうね。

グエンです。
山田さん。今日の体調はいかがですか

利用者の正面から話す

正面から話す

後ろから話す

介護職の目と利用者の目を同じ高さにする

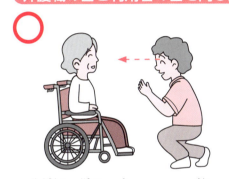

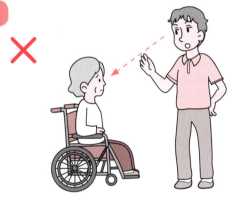

※利用者の同意を得て、いすに座って話をしてもよいです。

2 利用者を介護するときのコミュニケーション

　介護をするときは、説明をして、利用者に同意を得ることが大切です。利用者が選べるような声かけをしましょう。

利用者に声をかける

はい

今日は天気がいいですから、出かけませんか

利用者の状態を確認する

池田さん、体調はいかがですか

利用者の反応や表情を見て、コミュニケーションをします

利用者に介護の説明をして同意を得る

山田さん。お風呂から上がってからの服はどれにしますか

そうね。今日は寒いから長そで服にしようかしら

わかりました。じゃあ今日は長そでの服を準備しておきますね

3 家族とのコミュニケーションの基本

介護職は利用者の家族に、いつもの利用者のようすを伝えることが大切です。

利用者の家族と話をする介護職の対応

こんにちは王です。昨日から小林さんは、「明日は娘と孫が来る」と嬉しそうでした。最近はからだの調子がよくて、いつも笑顔です

❹ 利用者の状態に応じたコミュニケーション

障害の状態を理解して、生活の不便さを考えてコミュニケーションするようにしましょう。

１ 目が見えない人

目が見えない人は、場所や相手の表情が見えません。言葉で細かく説明したり、触ってもらったりしてコミュニケーションをすることが大切です。

前に扉があります

目が見えない人とのコミュニケーション例

【〇 よい例】

高橋さん、セーターとシャツを用意しました。どちらにしましょうか

【× 悪い例】

高橋さん、服はどちらにしましょうか

介護のポイント

目の見えない人に話すときは、先にからだを触らないようにしましょう

2 耳が聞こえない人

　耳が聞こえない人と会話をするときは、顔や口元がよく見える位置で、はっきりとゆっくり話すと聞き取りやすいです。

耳が聞こえない人とのコミュニケーション方法

　手話は、手の指や顔の表情を使って言葉を伝える方法です。筆談は、文字や絵をかいて言葉を伝える方法です。

手話

指文字

筆談

ジェスチャー

3 失語症のある人

失語症のある人は「聞く、話す、読む、書く」に障害があります。話すときはゆっくりとわかりやすい言葉で話します。
「はい」「いいえ」で答えられる質問がよいです。

失語症のある人とのコミュニケーション例

伊藤さんは、学校の先生でしたか

はい

4 認知症の人

認知症の人とのコミュニケーションでは、相手の気持ちを理解することが大切です。利用者の表情の変化や話をよく聞きましょう。
また、認知症の人の行動を止めると、不安♣10になることがあるので気をつけましょう。

認知症の人とのコミュニケーション例

それは困りましたね……。いっしょに探しましょうか

財布がなくなったんです……

❺ 職員とのコミュニケーション

① 報告

報告は、仕事の結果などの情報を、指示をした♣11人（リーダーや技能実習指導員）や同僚などにに伝えることです。

指示がなくても、事故が起きたときや、事故を見つけたときは、職員にすぐ報告します。必ず職員に判断してもらって、自分で判断をしないことが大切です。

報告することは

- 通常時♣12：利用者のいつものようす、利用者のいつもと違うようす
- 緊急時♣13：利用者の事故、利用者のようすが急に変わったとき

報告の内容

報告の内容は5W1Hをはっきりしましょう。

① When ：いつ　　　② Where ：どこで
③ Who　：誰が　　　④ What　：何を
⑤ Why　：どうして　⑥ How　 ：どうやって

指示された仕事が終わったときの報告の例

鈴木さんの着替えの介護が終わりました。今日は寒いので、セーターを着ていただきました

事故が起きたときの報告の例

中村さんが食堂の入り口で転倒しました！ 本人は痛いと言っています

2 連絡

連絡は、必要な人に、必要な情報を知らせることです。連絡する内容は、仕事の状況や利用者の情報です。
　連絡することで、仕事をスムーズに進めることができます。

情報を知らせるときの連絡の例

利用者の高橋さんから、来週に髪を切ってほしいとの希望がありました

3 相談

困ったときやどうしたらよいかわからないときは、職員に相談してアドバイスをもらいます。相談すると、自分の仕事のやり方や介護の方法を確認することができます。一人で悩まないようにしましょう。

また、相談内容についても、５Ｗ１Ｈをはっきりしましょう。

利用者の介護に困ったときの相談の例

佐藤さんは、食事の量が少なくなっています。会話もかなり減っていて、時間を間違えることもあります。どうしたらよいでしょうか

4 情報の共有♣14

利用者の状態や生活に関係がある情報を職員で共有します。小さいことでも情報共有することで、職員のみんなが知っている情報になって、利用者の生活がよくなります。

情報共有の場	
申し送り	利用者のその日の状態や介護の状況を情報共有する
申し送りノート	利用者の状態、家族の情報、連絡することをノートに記録して情報共有する
申し送りシステム	タブレット、スマートフォンを使う申し送りノート
会議	関係者が決まった時間と場所に集まり、課題について検討する

申し送りノートを使った情報共有の例

服薬[15]と水分摂取量の確認をします

昨日、山本さんが受診しているね。服薬の確認と水分摂取量[16]を確認をしてください

5 記録

　介護記録は、利用者の様子を記録して、保存するためのものです。利用者の日常生活を職員で共有することが目的です。介護記録には利用者の情報がたくさん書いています。利用者のいる場所で記録を確認してはいけません。

介護記録の目的

①利用者の生活をよくする

②もっとよい介護サービスの提供

③情報の共有

④介護の理由

⑤危ないことがわかるようにする

記録の例

11/21 12:00	昼食 パン2つ、ヨーグルトを食べた。食欲はいつもと変わらない様子だった。「今日は牛乳を温めてほしい」とうかがう。牛乳を温めて飲んでもらった。
13:00	トイレに行く トイレに行き排尿があった
14:00	入浴中止 「今日は少しからだがだるい[17]。風邪をひいた」とのこと。体温36.3℃、血圧134/83mmHgを看護師に報告した。看護師の指示により、午前中の入浴は中止して、午後から体調が回復[18]したら入ることにした。午後も、本人はやめたいと言ったので中止とした。

言葉の意味

♣1 **明確**…はっきりわかること

♣2 **同意**…相手の考えに同じ意見だと言うこと

♣3 **身振り**…からだを動かして、気持ちや意思を伝えようとすること

♣4 **ボディタッチ**…からだに触ること

♣5 **距離**…どのくらい離れているかということ

♣6 **印象**…強く感じること

♣7 **表情**…気持ちが顔に出たもの

♣8 **距離感**…どのくらい離れているか

♣9 **不快感**…嫌だと思う気持ち

♣10 **不安**…安心できないこと

♣11 **指示する**…「～しなさい」と命令すること

♣12 **通常時**…いつもと変わらないとき

♣13 **緊急時**…いつもと違う状態で、すぐに対応しなければならないとき

♣14 **共有**…いっしょに持つこと

♣15 **服薬**…薬を飲むこと

♣16 **摂取量**…どのくらいからだの中に入れたか

♣17 **だるい**…とても疲れていて、動けない感じ

♣18 **回復**…元の状態に戻ること

Chapter 4 こころとからだのしくみ

❶ からだのしくみ

1 人間のからだ

　人を介護するためには、まず、人間のからだについて知らなければなりません。生きるために必要な人間のからだの機能や特徴[1]を確認しましょう。

人体の各部の名前

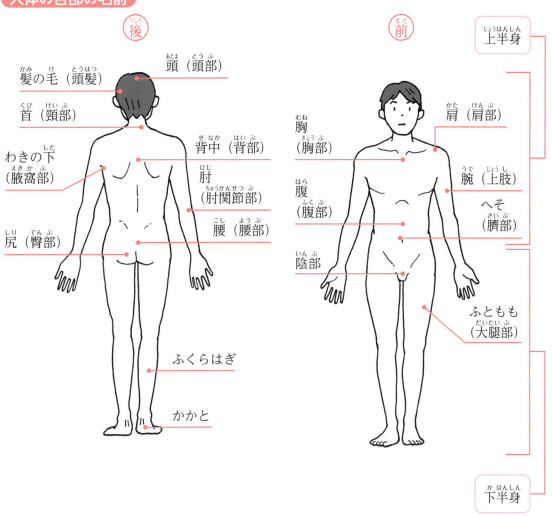

41

関節の働き

　関節は、肩、肘、手首、手の指、膝、足首、足の指にあります。関節は、一つひとつ動く範囲♣2や動き方が違います。

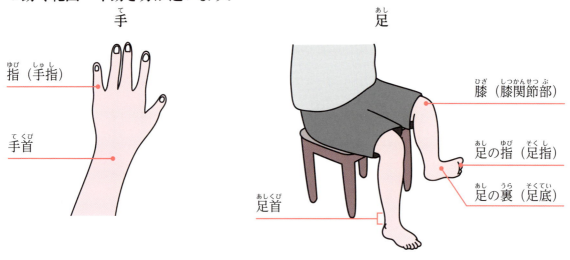

各部位のおもな臓器

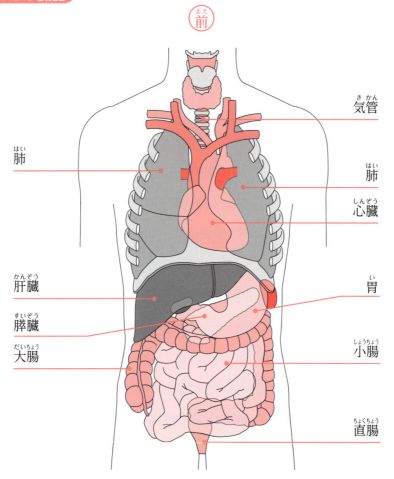

2 バイタルサイン

バイタルサインは、人が生きているのがわかる基本的な情報です。介護の仕事は、人の健康や生命♣3に関係があるので、バイタルサインをよく理解しなければなりません。バイタルサインには体温、呼吸、脈拍、血圧、意識などがあります。

体温

からだの温度で、一番多く確認するバイタルサインです。ふつうはわきの下で測ります。麻痺がある場合は麻痺のない側で測ります。
- 36.0〜37.0℃を平熱と言います。
- 38℃以上になると高熱と言います。
- 利用者のいつもの体温を知っておくとよいです。
- 測るからだの場所や時間、気温、年齢などで違います。
- 高熱の場合は、医療職へ連絡します。

体温計

呼吸

からだに酸素を入れて（吸う）二酸化炭素を出す（吐く）ための働きです。呼吸の回数を測るときは、胸が上下する回数を数えます。
- 呼吸の回数は年齢やからだの大きさ、姿勢♣4、気温、運動、感情♣5などによって違います
- 呼吸をするとき、苦しくないか、痰がからむ♣6音がしないかを確認します。
- 利用者の呼吸に異常♣7を感じたときは、医療職に連絡します。

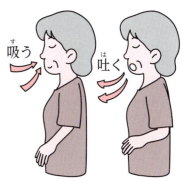

吸う　吐く

脈拍

　心臓の動きの振動[8]です。利用者の手のひらを上にして橈骨動脈（親指のつけ根付近の手首）に触れて測ります。
- 血圧が低い場合は、手首では測りにくくなります。
- 血圧を測る機器などを使って、測ることもあります。
- 脈拍に異常を感じたときは、医療職に連絡します。

親指のつけ根

血圧

　心臓から出た血液が血管内を流れているときの圧力[9]です。上腕動脈の圧力を血圧測定[10]の機器を使って測ります。
- 血圧は運動や食事、飲酒、入浴、精神状態で変わります。
- 高血圧の利用者は体調の変化に注意します。
- 人によって差[11]があるので、利用者のいつもの血圧を知っておくとよいです。
- 血圧に異常を感じたときは医療職に連絡します。

血圧計

意識

　目が覚めている状態で、今の自分の状態や、まわりの状況が正しくわかっていることです。

📖 **覚えておこう！**

バイタルサインと観察
　介護現場では、バイタルサイン測定などの利用者の健康管理を行っています。介護職も利用者の健康の状態は知っておく必要があります。いつもと違うバイタルサインを観察したら、医療職に連絡しましょう。

3 睡眠のしくみ

よい生活をするためには、よく眠ることが必要です。起きたときに「よく眠れた」と感じることが大切です。

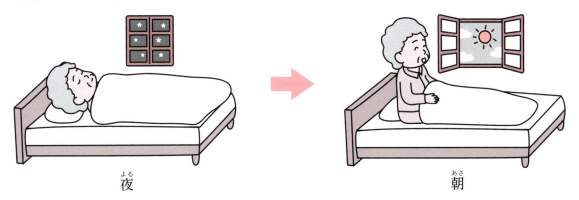

夜　　　　　　　　　朝

睡眠の種類

睡眠には浅い眠りと深い眠りがあって、交互に繰り返します。[12]

浅い眠り

からだは休んでいますが、脳は活動しています。

深い眠り

脳の活動が低下して休んでいます。
目が覚めにくい状態です。

よく眠るために留意すること

● 部屋の温度・湿度は、季節や利用者の好みに合わせて調整します。
● 寝るときは部屋が暗いほうが眠りやすいですが、人によって違います。
● 寝るときのまわりの音は静かなほうがよいとされています。
● 寝具は利用者の好みがあるので、よく確認しましょう。

介護のポイント

眠りの環境は、地域の差や個人の好みによって様子が違います。よく確認しましょう。

❷ こころのしくみ

1 人のこころ

人は自分の気持ちや考え、経験から他の人の気持ちを理解しながら生活をしています。介護をするには、相手のこころを理解する必要があります。

感情

感情は人の気持ちのことです。介護職は利用者の気持ちを確認しながら介護するようにします。
- 快とは、気持ちがよいということです。不快は、いやな気持ちということです。
- 喜怒哀楽とは、喜び、怒り、悲しみ、楽しみのことです。

喜び

怒り

悲しみ

楽しみ

意欲

意欲は、「〜したい」という気持ちです。長く介護を受けて生活していると、意欲がなくなっているようなときがあります。介護の場面では利用者が意欲を感じながら生活できるようにします。

考え方

人は生活の中で、いろいろな影響♣13 を受けながら成長♣14 していきます。年齢によって、考え方が変化してくことを理解しましょう。

ストレス

ストレスとは、緊張が長く続いてこころとからだに影響することです。生活の中で面白くないことやつらいことなどがあると、体調が悪くなります。介護を受けている人はストレスを感じやすいことを理解しましょう。

記憶

人は生活の中で、いろいろな新しいことを覚えたり学習したりしています。その覚えたことを必要なときに思い出したりすることを記憶と言います。

■ 記憶の段階

■ 記憶の種類

分類	内容	場面の例
短期記憶	そのときは覚えていても、何もしないとすぐ忘れてしまうもの	聞いて覚えた電話番号　など
長期記憶	ずっと覚えていて、思い出せるもの	印象深い♣15こと　など

2 欲求と役割

人の欲求

　人は毎日、何かをしながら生きています。呼吸や睡眠など無意識[16]にしていることもあるし、勉強や働くことのように目的のためにしていることもあります。よい介護をするためには、人の欲求を理解することも大切です。

■ マズローの欲求段階説

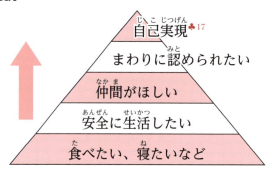

自己実現[17]
まわりに認められたい
仲間がほしい
安全に生活したい
食べたい、寝たいなど

役割

　人は歳をとると、定年退職[18]で仕事がなくなったり、子育てが終わったりして、役割[19]がなくなることがあります。人は「役割」に「いきがい[20]」を感じていることを理解しましょう。

介護のポイント

役割やいきがいは人によって違います。利用者のこれからの生活や、役割などもいっしょに考えられる介護職になりましょう。

3 死についての考え方

介護の仕事をしていると利用者が亡くなる[21]ことがあります。介護職は、「人の死」について考えましょう。

世代による「死」の違い

「死」に対する考え方は、人によって大きな違いがあります。表は、高齢者と若年者[22]の一般的な違いです。

区分	内容
高齢者	・高齢者になると、夫や妻、友人など身近な人の死を多く体験するようになります。 ・高齢者が亡くなると、悲しみといっしょに感謝の気持ちを伝える人が多いです。 ・グリーフ・ケア[23]を忘れないようにします。
若年者	・若年者は体力が充実していることから、死を自分から遠いもの、ずっと先のことと感じています。 ・若年者が亡くなると、家族やまわりの人に大きな精神的ストレスがかかります。 ・働いている人が亡くなると、家族に大きな経済的負担がかかることが多いです。

尊厳死

尊厳死とは、「その人らしさ」を保ちながら死を迎える[24]ことを言います。

覚えておこう！

その人らしい「死」を迎えるために

死を迎えるとき、死ぬまでをどう過ごす[25]かがとても大切です。利用者と家族などがよく話し合って、利用者の希望が大切にされるように準備します。

「どこで」「誰と」「どのように」最期の時間を過ごしたいのか、利用者に自分で選んで自分で決めてもらいます。

言葉の意味

♣1 **特徴**…他とくらべて、よくわかるところ

♣2 **範囲**…どこからどこまでと、決められた広さ

♣3 **生命**…命

♣4 **姿勢**…動作をするときのからだの形

♣5 **感情**…気持ち

♣6 **痰がからむ**…痰がのどにある状態

♣7 **異常**…いつもと違う状態

♣8 **振動**…ゆれる動き

♣9 **圧力**…押す力

♣10 **測定**…測ること

♣11 **差**…違い

♣12 **交互にくり返す**…二つ以上のことを順番にくり返すこと

♣13 **影響**…力や働きが他のものや人に伝わって、変化を起こすこと

♣14 **成長**…大きくなること。子どもから大人になること

♣15 **印象深い**…心に強く残っていること

♣16 **無意識**…考えない

♣17 **自己実現**…自分の能力を生かして、自分を完成させること

♣18 **定年退職**…高齢になったことで、仕事をやめること

♣19 **役割**…しなければならない役に立つ仕事

♣20 **いきがい**…生きていてよかったと思うこと

♣21 **亡くなる**…死ぬ

♣22 **若年者**…若い人

♣23 **グリーフ・ケア**…残された家族が深い悲しみを受け入れ、生活を立て直すことができるように支えること

♣24 **死を迎える**…死ぬこと

♣25 **過ごす**…生活する

Chapter 5 老化の理解

❶ 老化のこころとからだの変化

歳をとって、からだの機能が低下することを「老化」と言います。老化が進むと、病気やけがをしやすくなります。高齢者（一般的[1]に65歳以上の人のことをいいます）のこころとからだの変化について理解しましょう。

1 こころの変化

高齢者になると、次の①〜③が起こりやすくなって、こころの病気の「うつ病」になりやすくなります。

①配偶者（夫、妻）、友人が亡くなる[2]
②仕事を退職[3]して、社会的な役割[4]がなくなる
③からだの機能[5]が低下[6]（老化）する

うつ病になると、元気がなくなったり、食欲がなくなったりします。こころが元気でなければ、からだを動かそうという気持ちになりません。健康に生活するには、こころもからだも健康でなければなりません。

> **介護のポイント**
> 介護職は、高齢者が「できること」を大切にして、利用者に施設の中で役割を持ってもらい、友人といっしょに、毎日の生活を楽しんでもらうことが大切です。

2 からだの変化

高齢者のからだの特徴

高齢者のからだには次の①〜⑤の特徴があります。

①個人差♣7が大きい
　老化のスピードは、生活習慣によって違うので、個人差が大きいです。

②病気になりやすくて、重症♣8化しやすい
　高齢者は免疫力♣9が低下しているので、病気になりやすいです。また、病気になったとき、若い人より症状が悪くなりやすいです。

③多くの病気になっている
　高齢者は一つだけではなく、二つ以上の病気になっている人が多いです。

④治りにくい病気（慢性疾患）が多い
　病気には、風邪のように数日で治るものと、治らない病気があります。糖尿病のように、治りにくい病気を慢性疾患と言います。高齢者は慢性疾患の病気になっていることが多いです。

⑤症状が出にくい（症状が非定型的♣10）
　高齢者は、若い人と違って、風邪をひいても熱が出なかったり、誤嚥をしても咳が出なかったりします
　利用者の食欲がない、元気がないなど、利用者のようすにいつもと違うところはないか、よく観察♣11しましょう。

高齢者の感覚機能の低下の特徴

　高齢者になると、見る力、嗅ぐ力、味を感じる力、聞く力、触って感じる力が低下します。日常生活の中で、以下のことに気をつけましょう。

- 視覚が低下する
- 聴覚が低下する
- 嗅覚が低下する
- 味覚が低下する
- 触覚が低下する

視覚（見る力）
視力が低下します。転びやすくなるので、注意しましょう。

嗅覚（嗅ぐ力）
においが感じにくくなります。食べ物のにおいがわからなくなるので、注意しましょう。

味覚（味を感じる力）
味を感じにくくなります。濃い味にならないように、塩分や糖分（甘み）に注意しましょう。

聴覚（聞く力）
高い音が聞こえにくくなります。利用者と話すときは、はっきり、ゆっくり、低い声で話しましょう。

触覚（触って感じる力）
熱いもの、冷たいものがわかりにくくなります。熱いものに触ってやけどにならないように注意しましょう。

❷ 病気と症状

- 高齢者は老化が進んで、病気になりやすくなります。
- 高齢者に多い病気の特徴♣12 と、介護をするときに気をつけることを理解しましょう。

1 高齢者に多い病気

肺炎

病原体が肺の中に入って起こる病気を肺炎と言います。

症状
症状は咳、発熱（微熱）ですが、高齢者は症状が出ないこともあります。

留意♣13点
バランスのよい栄養をとることが大切です。

誤嚥性肺炎

誤嚥が原因で肺炎になることを誤嚥性肺炎と言います。

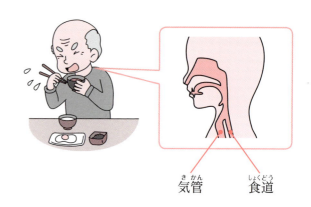

症状

食事をするときに、食道に入る食べ物が、気管に入ってしまうことを誤嚥と言います。高齢者は飲み込む力が弱くなるので、誤嚥しやすいです。

留意点

食事のときは、足を床に着けて、あごをひいて、座位の姿勢で食べてもらいます。(食事の姿勢はPart2 Chapter3「食事の介護」で詳しく説明)

脳血管疾患

脳の血管の病気です。脳の血管が詰まる脳梗塞、脳の血管がやぶれる脳出血があります。脳血管疾患で寝たきりになることが多いです。

症状
- 頭痛などがあります。

留意点
- 脳血管疾患は脱水や高血圧などで起こりやすくなります。
- 片麻痺、言語障害などになることがあります。

> 📖 **覚えておこう！**
>
> **麻痺**
>
> 麻痺とは、病気やけがなどが原因で、からだが「動きにくい」か「動かない」または感覚がなかったり、鈍くなっている状態のことです。からだの片側が麻痺になることを「片麻痺」と言います。動く側を「健側」、動きにくい側を「患側」と言います。

心疾患

心臓の病気です。心臓の血管が狭くなって、一時的♣14に酸素が不足♣15する「狭心症」、心臓の血管が詰まって、心臓の筋肉が死ぬ「心筋梗塞」などがあります。

症状
胸の痛みなどがあります。

留意点
糖尿病や高血圧などが心疾患の原因となることがあります。

高血圧

最高血圧が140mmHg以上、最低血圧が90mmHg以上の高い血圧になることを言います。

	最高血圧	最低血圧
高い血圧	140mmHg以上	90mmHg以上
望ましい♣16血圧	120mmHg未満	80mmHg未満

症状
高血圧の状態が続くと血管が硬く、狭くなって「動脈硬化」になります。動脈硬化は、脳血管疾患や心疾患の原因になります。また、狭心症や脳梗塞になりやすくなります。

留意点
望ましい血圧になることが目標です。治療♣17には運動療法♣18、食事療法、薬物療法があります。

糖尿病

インスリン[19]の働きが悪くて、血液中のブドウ糖[20]が濃くなる状態（高血糖）の病気です。

症状
- 高血糖が続くと、血管が詰まったり、傷ついたりして、感染症・合併症にかかりやすくなります。合併症には、網膜症、腎症、神経症があります。
- 口渇（口が渇くこと）、多飲（水をたくさん飲むこと）、多尿（尿がたくさん出ること）になったり、急に体重が減ったり[21]します。

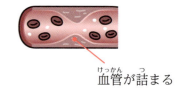
血管が詰まる

留意点
- 低血糖状態になるとふらふらしますので、注意が必要です。
- 環境の変化に注意します。
- 治療には運動療法、食事療法、薬物療法があります。

骨粗鬆症

骨が弱くなり、骨折しやすくなる病気です。背中や腰が痛くなったり、身長が低くなったりします。

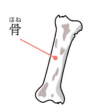
骨
骨がもろくなる

留意点
高齢者は転倒すると大腿骨頸部を骨折することがあります。骨折すると、寝たきりになることが多いので、利用者が転ばないように注意しましょう。また、毎日の生活の中で次の点に気をつけます。
- カルシウムを多く含む[22]食品を摂取[23]する。
- 日光を浴びる。
- 適度[24]な運動をする。

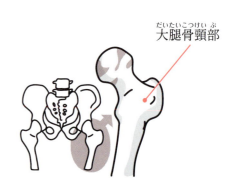
大腿骨頸部

2 高齢者に多い症状

廃用症候群

からだを使わないで、長い間臥床[25]していると、こころとからだの機能が低下します。これを廃用症候群と言います。

廃用症候群になると、生活する意欲もなくなります。

留意点

できるだけ毎日ベッドから離れて、からだを動かしてもらいましょう。楽しみのある生活を支援します。

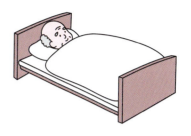

褥そう（床ずれ）

ベッドや車いすに、長い時間、同じ姿勢でいると、皮膚に傷ができます。これを褥そう（床ずれ）と言います。（Part2 Chapter4 ❻「褥そうの予防の介護」で詳しく説明）。

脱水

からだの中の水分が少なくなることを脱水と言います。高齢者は感覚機能の低下で、のどの渇きを感じにくくなります。高齢者は体内の水分量が若い人と比べると少ないので、脱水になりやすいです。

留意点
- 食事の他に1.5ℓの水分をとってもらいましょう。とくに夏は多くの水分が必要です。
- お風呂に入る前後、運動したときは水分をとってもらいましょう。
- 「トイレに行きたくないから水を飲まない」という高齢者がいますが、病気になりやすくなりますので、水分をとってもらいましょう。

便秘

便の出る回数や量[26]が減ることを便秘と言います。高齢者は便秘になりやすいです。

留意点

適度に運動をすること、水分をとること、食物繊維[27]の多い食べ物を食べることが大切です。

皮膚のかゆみ

高齢者は、体内の水分量が減るため、皮膚がかゆくなりやすいです。皮膚が乾燥する冬は注意が必要です。

留意点
- 入浴するときはからだを洗いすぎないようにしましょう。
- 保湿剤をぬりましょう。

不眠

眠ることができないことを不眠と言います。高齢者は、若い人に比べて、睡眠時間が短くなります。朝早く目が覚めます。

留意点
- 日中に日光を浴びて、適度に運動するなど、活動量を増やすようにします。
- 日中に長い時間の昼寝をすると、夜に眠れなくなるので、注意しましょう。

貧血症状

血液状態が悪くなるため、疲れたり、めまいがする症状です。高齢者は、貧血症状に気づかないことがあるので、注意しましょう。

留意点
適度に運動すること、栄養のバランスのよい食事が大切です。

頻尿

尿が出る回数が増えることを頻尿と言います。高齢者では、起きているときに8回以上、寝ているときに2回以上くらいが頻尿の目安です。

留意点
夜の頻尿は、眠れなくなったり、転倒の危険があります。

言葉の意味

♣1 **一般的**…特別でないこと

♣2 **亡くなる**…死ぬ

♣3 **退職**…仕事をやめること

♣4 **役割**…しなければならない役に立つ仕事

♣5 **機能**…できること

♣6 **低下**…弱くなること

♣7 **個人差**…一人ひとりの違い

♣8 **重症**…病気の症状が重いこと

♣9 **免疫力**…からだの中に入った菌などから、自分のからだを守る力

♣10 **非定型的**…決まった症状がないこと

♣11 **観察**…よく見ること

♣12 **特徴**…他のものより、よくわかるところ

♣13 **留意**…注意すること・気をつけること

♣14 **一時的**…そのときだけ

♣15 **不足**…足りない

♣16 **望ましい**…「～だったらよい」という希望

♣17 **治療**…病気を治すこと

♣18 **療法**…治療の方法

♣19 **インスリン**…膵臓から出るホルモン

♣20 **ブドウ糖**…一番基本の糖分

♣21 **減る**…少なくなること

♣22 **含む**…中に入っている

♣23 **摂取**…栄養などをからだの中に入れること

♣24 **適度**…ちょうどよい

♣25 **臥床**…ベッドなどで寝ていること

♣26 **量**…どのくらい

♣27 **食物繊維**…栄養の一つで、食べると腸の働きがよくなる

Chapter 6 認知症の理解

❶ 認知症について

1 認知症について

認知症は、老化の「もの忘れ」と違います。脳の働き（認知[1]機能）が少しずつ低下する病気です。

脳は、記憶（覚える・思い出すなど）、感覚（見る・聞くなど）、思考（理解・判断[2]など）、感情（喜び・悲しみなど）、からだ全体の調節（呼吸・睡眠・体温など）をします。脳の働きが低下すると、生活に問題が出ます。

■ 脳の部位と働き

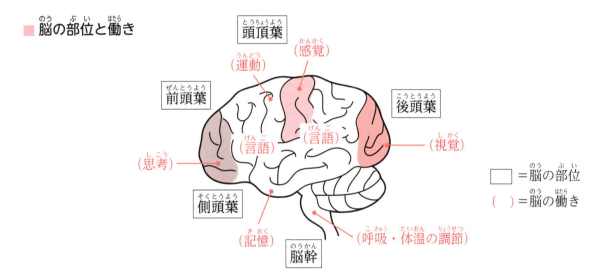

■ 認知症の人を介護するときの基本

認知症の人を介護するときの基本は、病気の特性と利用者のことをよく理解することです。認知症の人のこれまでの生活を知ることで「利用者がしたい」生活ができるように、支えることができます。認知症の人がどのような支援を求めているか、利用者の立場で考えることが大切です。認知症の人が安心して生活できる環境を整えましょう。

> 介護のポイント
>
> 認知機能は、記憶する、感じる、考える、思うなどの脳の働きのことです。

2 代表的な認知症と症状

代表的な認知症として、①アルツハイマー型認知症、②血管性認知症、③レビー小体型認知症、④前頭側頭型認知症の4つがあります。

①アルツハイマー型認知症

脳の細胞がこわれ、脳が小さくなることで、認知機能に障害が起きます。アルツハイマー型認知症のおもな症状は、記憶障害です。
● 認知症を早く見つけて、薬を飲むと、症状の進行を遅らせることができると言われています。
● 機嫌♣3 がよいことが多いです

②血管性認知症

脳の血管が詰まる「脳梗塞」や血管が破れる「脳出血」などによって、認知機能に障害が起きます。(脳梗塞、脳出血はPart 1 Chapter 5「老化の理解」で詳しく説明)
● 認知症の症状が出ているときと、あまり出ていないときがあります。
● 小さいことでも笑ったり泣いたり怒ったりします。意欲や注意力が低下します。

③レビー小体型認知症

脳の中に「レビー小体」というたんぱく質が集まることによって、認知機能に障害が起きます。実際にはないものや人などが見える「幻視」などの症状があります。
● 手足が震える、小刻み♣4 に歩く症状があります。
● 眠っている間に、大声を出す、怒鳴る、暴れることがあります。転倒・転落などの事故になることもあります。

④前頭側頭型認知症

前頭葉と側頭葉が小さくなることで認知機能に障害が起きます。前頭側頭型認知症では、感情の変化が乏しくなるなどの「性格変化」や、落ち着きがないなどの「行動障害」がみられます。若いときにかかる人（50〜60歳）が多い認知症と言われています。
● 我慢や思いやり♣5 を失くします。同じことを繰り返す♣6 ことが特徴です。
● 仕事をしなくなったり、万引き♣7 や急に暴力的になることがあります。

62

3 認知症の治療

認知症は早く見つけること・受診[8]・診断[9]、早期治療が大事です。認知症の診断には、専門の病院の受診が必要です。

- 認知症の初期[10]に受診・診断すると、状態に合った治療ができて、今後[11]について準備することができます。
- 認知症には治るものと治らないものがあります。
- 朝起きたら洗面、着替え、食事、排便など規則的な日常生活ができるように見守ります。
- 認知症の人の食事や水分摂取状況の観察が大切です。

❷ 脳の障害で起こる症状（中核症状）

1 中核症状

認知症の症状には、脳の障害で起こる中核症状があります。中核症状には、記憶障害、見当識障害、理解・判断力の障害、実行機能障害などがあります。人によっていくつかの中核症状が出ることもあります。

記憶障害

- もの忘れが出ます。同じことを何度も聞きます。

なぜ？
数分前のことをすぐ忘れることが原因になります。

● 意思を伝えることが難しくて、「あれ」「それ」と言うことが増えます。

> なぜ？
> ものや言葉の意味を忘れてしまうことが原因になります。

介護のポイント

・本人の状態によって「はい」か「いいえ」で答えられる質問をしましょう。
・本人が言ったこと、聞いたこと、したことを忘れていても、責め♣12ないで相手の目を見てやさしく対応しましょう。
・食べたことを忘れて、何度も食事をしたがるときは、量を少なくして、回数を多くします。

見当識障害

● 時間がわからなくなります。
● 冬なのに夏の衣服で出かけます。

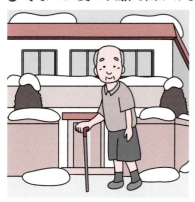

> なぜ？
> 時期や季節がわからなくなることが原因になります。

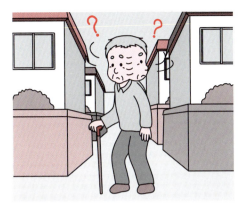

> **なぜ？**
> 方向♣13の感覚が弱くなって、場所の理解も弱くなることが原因になります。

● 場所がわからなくなります。慣れた道でもわからなくなることがあります。

介護のポイント

・場所や時間の間違いを受け入れて、利用者が生活しやすいようにしましょう。
・利用者の部屋やトイレの場所がわかるように、書いたものを貼っておきます。
・季節がわかるように、「お正月」など季節の行事をし、食事にはその季節の食材を使いましょう。
・日付がわかるように、毎日めくるカレンダーを用意しましょう。

理解・判断力の障害

● 物事の理解・判断が難しくなります。
● 服のボタンをとめるのに時間がかかります。

> **なぜ？**
> 順番を考えて、行動するのに時間がかかります。

● お金の計算が難しくなります。

> **なぜ？**
> 混乱して、間違いが多くなります。

介護のポイント

・利用者のやり方をゆっくりと見守りましょう。
・利用者に説明するときは、一つずつ簡単に伝えましょう。二つ以上♣14 のことはうまくできなくなります。
・いつもと違うところでは、混乱♣15 しやすくなります。利用者が混乱しないように見守って、必要なときに支えましょう。
・新しい機械の使い方が理解しにくくなります。できるだけ、使い慣れたものを用意します。

実行機能障害

● 計画を立ててすることが難しいです。
● いつもつくっていた料理がつくれなくなります。

> **なぜ？**
> いつもの料理の順番とつくり方がわからなくなります。

介護のポイント

・「次は、ジャガイモを切りましょうか」など、一つずつ声かけをしながら、見守りましょう。本人ができるだけ長く自分でできるようにします。
・指示があれば一人でできることがあります。できないと決めないで、できるようにするために、どう支えていくかを考えましょう。
・一人で外出することが難しくなります。どんな交通を使えばいいか、どこで降りたらいいかなど、必要なときに声をかけましょう。

③ 環境などで起こる症状（行動・心理症状）

1 行動・心理症状（BPSD）とは

認知症の症状には、環境などで起こる行動・心理症状（BPSD：Behavioral and Psychological Symptoms of Dementia）があります。BPSDは、利用者の性格や素質[16]（個人的[17]な要因[18]）、生活環境や人間関係（環境的な要因）などによって症状や回数が変わります。BPSDは、周辺症状とも呼ばれます。

行動症状

暴言[19]、暴力[20]、抵抗[21]、不潔行為[22]、睡眠覚醒リズムの障害[23]、衣服の着脱の繰り返し、外出中に道に迷うなどがあります。たとえば、日中に寝て夜間に目が覚める昼夜逆転の生活をすることがあります。施設の中や外を歩き回ることがあります。

施設の中を歩き回る

心理症状

不安、幻覚、錯覚[24]、興奮[25]、依存[26]、妄想[27]などがみられます。たとえば、誰もいないのに、誰かいると言ったり（幻覚）、財布を盗まれたと言ったり（妄想）することがあります。

誰もいないのに、誰かいると言う

財布を盗まれたと言う

覚えておこう！

パーソンセンタードケア（Person Centered Care）

本人を中心に考えて介護をすることが大切です。介護が必要になっても、利用者らしい生活ができる環境づくりも大切です。利用者の言葉に「だめだ」と言わないようにしましょう。

② BPSDのある利用者への対応

行動症状に対する対応

歩き回ることへの対応
● 利用者が歩き回るときには、何か理由や目的があります。
● やめさせるのではなく、いっしょに歩くなどの対応が大切です。
● 歩き回る理由を利用者に確認しましょう。
● どんなときに歩き回るのか知っておくことが大切です。

暴力・暴言への対応
● 利用者の意見・行動が否定♣28されると、暴力・暴言につながることがあります。
● 暴力・暴言の原因を見つけて、利用者の気持ちを知ることが大切です。
● 介護する側に原因がある場合があります。どんなときに暴力・暴言がみられたかチームで話し合って、介護のやり方を考えましょう。

心理症状に対する対応

妄想への対応
● 認知症が進み、どこにものを置いたのか忘れてしまうことがあります。
● 利用者の意見を否定したり、怒ったりしないで、ゆっくり話を聞いて、いっしょに探すなどの対応をしましょう。
● 利用者にとって大事なものを置く場所がわかるように、印をつけるなど、置き場所を間違えないようにしましょう。

幻覚への対応
● 認知症が進むと、まわりには見えないものが、利用者だけに見える場合があります。
● 利用者には、見えているので、「そんなものはない」と否定するのではなく、いっしょに確認して「もういません」などと声かけを行い、安心してもらいましょう。

言葉の意味

♣1 **認知**…わかること

♣2 **判断**…よいかどうか決めること

♣3 **機嫌**…気分がよくて、楽しそうなようす

♣4 **小刻みに**…短い時間をあけて、同じ動作をくり返すようす

♣5 **思いやり**…他の人のことを考えようとする気持ち

♣6 **繰り返す**…何度もする

♣7 **万引き**…お金を払わないで、店から商品を盗むこと

♣8 **受診**…医師にみてもらうこと

♣9 **診断**…医師が患者を診察して、病気の状態を判断すること

♣10 **初期**…すぐのとき

♣11 **今後**…これから

♣12 **責める**…叱る

♣13 **方向**…向いたり、進んだりする方

♣14 **二つ以上**…2より大きいかず

♣15 **混乱**…よくわからない状態

♣16 **素質**…生まれたときから持っているもの

♣17 **個人的**…一人ひとり

♣18 **要因**…おもな原因

♣19 **暴言**…相手が嫌だと思うようなことを、言うこと

♣20 **暴力**…殴ったり、けったりすること

♣21 **抵抗**…言葉や行為で嫌だと表現すること

♣22 **不潔行為**…汚いことをすること

♣23 **睡眠覚醒リズムの障害**…よく眠れないこと

♣24 **錯覚**…思い違うこと。実際と違うように見えたり、聞こえたり、感じたりすること

♣25 **興奮**…喜び、悲しみなどを強く感じて、気持ちがおさえられないこと

♣26 **依存**…他の人に頼って生活すること

♣27 **妄想**…ほんとうではないことを、ほんとうだと思うこと

♣28 **否定**…間違えていると言ったり、認めないこと

Chapter 7 障害の理解

❶ 障害とは

1 障害は個性 ♣1

- 障害のある人は、生活がしにくいです。
- 障害のある人の気持ちを理解することが大切です。
- その人に合った生き方があります。
- 障害のある人一人ひとりに合った支援が必要です。

2 自立支援を考えた介護

- 障害があっても、できることがたくさんあります。
- 障害があっても、障害のある人が自分でできることを増やします。
- 障害のある人が、自信を持てるように介護します。
- 障害のある人が、自分の力が使えるように介護します。
- 障害のある人がのぞむ生活ができるように介護します。

介護のポイント

- 障害のある人の訴え♣2 をよく聞きます。理解できるまで何度も聞きます。
- 自己選択、自己決定♣3 をしてもらいます（障害のある人の気持ちを大切にします）。
- いっしょに悩んだり考えたりすることが大切です。

② 障害のある人への対応

1 肢体不自由（運動機能に不自由がある人）

病気・けがで、手足などに障害があります。言葉が出にくい、はっきりしない発音など、音声・言語障害を伴う♣4ことがあります。

生活で注意すること

- 寝返り、起き上がり、座位などの移動で、介護者がからだを支えます。
- 背もたれ、クッションなどを使用し、利用者の姿勢を保ちます。
- 移動のための福祉用具（車いすなど）を使用してもらいます。

2 視覚障害（目が見えない人、目が見えにくい人）

視力が低下してよく見えません。視野が狭くなってよく見えません（視野狭窄）。ぼやけたり、ゆがんで見えたり、色の違いが、よくわからないことがあります。

視野狭窄の見え方の変化

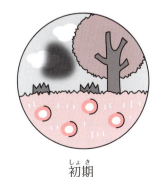

初期　　　　　中期　　　　　末期

71

生活で注意すること

- 視覚障害のある人は、移動の支援が必要です。
- 移動方法は、白杖の歩行、ガイドヘルプ（手引き歩行）、盲導犬との歩行、視覚障害者誘導用ブロックを使った歩行があります。
- コミュニケーションは、白杖、点字、音声ガイドなどを利用します。
- 視覚障害のある人が、困っていること、必要な支援を確認しながら介護します。
- まわりのものの位置を教えて、自分でできることを増やします。

白杖

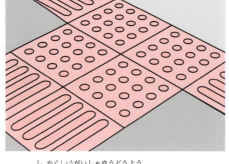

視覚障害者誘導用ブロック

3 聴覚・言語障害（耳が聞こえない人、耳が聞こえにくい人、話すことに不自由がある人）

聴覚の機能に障害があるために、話す言葉が聞こえません。よく聞こえないために、聞く、話す、読む、書くなどに障害があります。

生活で注意すること

補聴器の使用、筆談、読話、手話などを使って、コミュニケーションをして利用者の気持ちを理解します。

■ 補聴器の種類

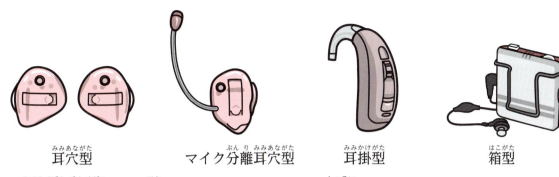

耳穴型　　マイク分離耳穴型　　耳掛型　　箱型

■ 聴覚言語障害のある人とのコミュニケーションの種類

筆談　　読話　　手話

4 からだの内部（臓器）の働きが低下している人

からだの中のいろいろな臓器に障害があります。たとえば、心臓、呼吸器、腎臓、肝臓、膀胱・直腸、小腸の病気などがあります。さまざまな医療機器を使っているので、介護するときは技能実習指導員や医療職に確認しましょう。

心臓の機能低下

- 心臓の機能が低下して、全身に血液を送ることがうまくできません。
- ペースメーカという機械を胸部に入れています。
- 空港のセキュリティチェック、変電所、携帯電話などの強い電磁波を発生する機器類を近づけないようにしましょう。

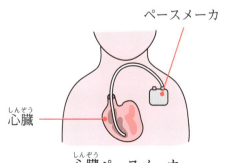

心臓ペースメーカ

呼吸器の機能低下

- 呼吸が十分[*5]にできなくなったときに酸素濃縮装置を使っています。
- 感染予防が大切です。
- 風邪の予防をのために室内の空気清浄[*6]を行います。
- 停電したときのために準備します（予備[*7]バッテリー、予備酸素の確保[*8]）。

酸素濃縮装置

腎臓の機能低下

- 腎臓の病気の場合、週に2～3回、人工透析の治療をします。
- 人工透析は、腎臓の働きが低下したために、腎臓に代わって装置を使って、血液をきれいにする治療方法です。
- 利用者が規則正しい生活をできるように介護します。
- 食事に注意します。

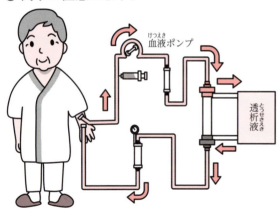
血液透析のしくみ

小腸の機能低下

- 口からの食事で必要な栄養をとっても、消化・吸収ができなくなります。
- 図のように血管から直接栄養を補給[*9]します。
- 口から食事をしない場合でも、毎日必ず口腔ケアを行うことが必要です。
- できるだけベッドから起きてもらい、楽しみや趣味など、活動を増やす介護をします。

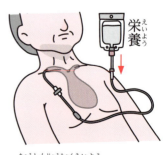
中心静脈栄養（TRN）

膀胱・直腸の機能低下

- 膀胱・直腸の病気の場合、手術でお腹に新しい、便や尿の排泄の出口をつくります。この出口のことをストーマといいます。
- ストーマには、図のように人工肛門（便の出口）と人工膀胱（尿の出口）があります。
- ストーマのある人は、排泄がいつも気になって、羞恥心[10]や排泄物がもれるという不安があります。障害を受け入れられないことがあります。
- 介護職の言動[11]で、障害のある人が、嫌な気持ちにならないように気をつけましょう。

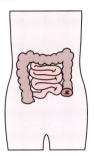

人工肛門（消化管ストーマ）

> ストーマの注意点
> ①排泄物を処理するときは、手袋を使います。終わったら必ず手を洗います。
> ②ストーマの異常に気づいたときは、すぐに医療職へ連絡します。

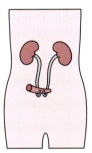

人工膀胱（尿路ストーマ）

肝臓の機能低下

- 肝臓の機能に障害のある人は、からだの不調[12]が多いです。
- いろいろな不安やつらいことがあります。

5 知的障害

知能の発達に遅れがあり、生活をするのに不自由があります。

生活で注意すること

- 知的障害の状態は、軽度から重度まであります。
- 知能に障害があっても、できることがたくさんあります。
- 利用者の気持ちを確認して、活動に参加できるようにします。
- 意欲♣13が出るように支援します。
- 利用者が自分で生活できるように支援します。
- 介護職はわかりやすい言葉でコミュニケーションをします。

6 精神障害

脳の働きの異常♣14や障害によって、こころやからだ、行動に変化が出ます。

■ 精神障害のある人のおもな症状

幻想や妄想

人の表情がわからない

人間関係の不安

生活で注意すること

- こだわり♣15や生活方法や考え方を認めて、受け入れます。
- できることや長所♣16を生かす生活支援をします。
- 就学♣17、就労♣18支援をします。
- 薬が飲み続けられるように支援します。

言葉の意味

♣1 **個性**…一人の人だけが持っている性格

♣2 **訴え**…苦しいこと、不満なことをいうこと

♣3 **自己選択、自己決定**…自分で選ぶ、自分で決める

♣4 **伴う**…いっしょにある

♣5 **十分**…足りないものがない状態

♣6 **清浄**…きれいにすること

♣7 **予備**…必要になったときに使えるように準備しておくこと

♣8 **確保**…しっかりと自分のものにすること

♣9 **補給**…足りないものを足りるようにすること

♣10 **羞恥心**…はずかしい気持ち

♣11 **言動**…言葉や行動

♣12 **不調**…調子がよくないこと

♣13 **意欲**…やりたいという気持ち

♣14 **異常**…ふつうの状態ではないこと

♣15 **こだわり**…とても気になっていること

♣16 **長所**…よいところ

♣17 **就学**…学校に通うこと

♣18 **就労**…働くこと

参考文献

- 日本認知症ケア学会編『認知症ケア標準テキスト　認知症ケアの基礎』株式会社ワールドプランニング、2004
- 長谷川和夫『認知症の知りたいことガイドブック ── 最新医療＆やさしい介護のコツ』中央法規出版、2006
- 初任者研修テキストブック編集委員会編『介護職員初任者研修テキスト』ミネルヴァ書房、2016
- 杉山孝博『認知症の9大法則　50症状と対応策』法研、2013
- NPO法人地域ケア政策ネットワーク編『認知症サポーター養成講座標準教材　認知症を学び地域で支えよう』全国キャラバン・メイト連絡協議会、2016
- 認知症ねっとホームページ、https://info.ninchisho.net（最終閲覧日：2019年3月1日）

Part

2

介護の仕事に必要な知識と技術

Chapter 1 身じたくの介護

❶ 身じたくの介護を行う前に

1 身じたくの意義

私たちは朝起きて顔を洗って、歯を磨きます。化粧をしたりひげをそったり、目的に合わせて衣服を着替えます。これを身じたくと言います。身じたくは、人が日常生活や社会生活をするために大切なことです。きちんと身じたくをすることを、「身だしなみを整える」と言います。

> なぜ？
> 身じたくをすることで「自分らしさ[1]」を表現することができて、よい気持ちで活動をすることができます。

2 身じたくの種類

身じたくの介護には、衣服の着脱（着替え）と整容があります。

衣服の着脱

> 衣服は利用者に選んでもらいましょう

整容

整容とは、顔を洗ったり、化粧をしたり、髪を整えたりと自分の姿をきちんとすることです。

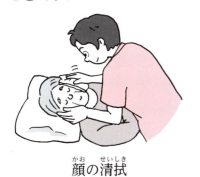
顔の清拭

洗面

自分でできるところはしてもらうことが大切です

整髪

化粧

人が「いつもきれいでいたい」という気持ちは、歳を取っても変わりません

ひげそり

電動かみそり（シェーバー）を使います

つめきり

つめを切り過ぎ[2]ないように注意します

❷ 衣服の着脱の介護

朝起きたとき、夜寝るとき、外出するときなどに、衣服を着たり脱いだりする介護をします。

衣服は利用者の好み♣3を考えて、利用者に選んでもらうことが大切です。好きな色、柄、デザイン（形）の衣服を利用者が選んで、楽しい気持ちで生活できるように支援しましょう。

1 衣服の種類

日本の季節に合わせた衣服

日本の衣服は「春夏もの」と「秋冬もの」に大きく分かれます。

春

夏

秋

冬

- 薄い布の長そでと長ズボン
- 半そでと半ズボン（Tシャツとハーフパンツ）
- 厚い布の長そでと長ズボン
- ジャンパーや手袋、マフラーなどの防寒具♣4

利用者の状態に合わせた衣服

- 下着やパジャマはやわらかくて吸湿性♣5・通気性♣6のあるものが好まれます。
- 上着は、前開きのもの、開閉がしやすいもの、ゆとりがある♣7ものがよいです。
- ズボンは、股がみが長く、ウエストにゴムが入っているものがよいです。

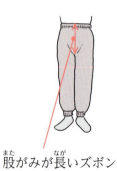
股がみが長いズボン

前開き
マジックテープ

スナップボタン

着脱しやすい衣服には、たくさんの種類があります

2 衣服の整理

洗濯

- 清潔[8]な衣服を保つ[9]ために、洗濯をします。
- 施設では、利用者の衣服をまとめて洗濯することが一般的[10]です。
- 利用者の衣服を間違えないように、洗濯する前と後に必ず確認をしましょう。
- 衣服の材質[11]に合った洗剤や漂白剤[12]を使用しましょう。
- 乾燥機を使うと縮んで[13]しまう衣服もありますので、注意しましょう。

洗濯　　漂白　　乾燥　　アイロン仕上げ　商業クリーニング

> 基本の洗濯表示を覚えましょう

【資料】
「洗濯表示」（消費者庁）https://www.caa.go.jp/policies/policy/representation/household_goods/guide/wash_01.html
JIS L 0001:2014　繊維製品の取扱いに関する表示記号及び表示方法

衣服の整理

- 洗濯物が乾いたら、きれいにたたんで利用者のタンスなどにしまいます。
- 衣服の種類でしまう場所が変わります。
- 衣服がいつものところにないと利用者は困ります。必ず元のところにしまいます。

■ 衣服のたたみ方の例

①シャツのたたみ方

②ズボンのたたみ方

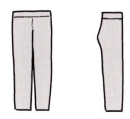

③くつ下のたたみ方

3 座位での上衣（上着）の着脱の介護（一部介助♣14）

①利用者の体調を確認します。

②利用者に介護の内容を説明して、同意を得ます。
　次のような利用者の状況を理解しておきましょう。

● 衣服を準備すれば、自分で着替えることができるか。
● 着替える順序を説明すれば、自分で着替えることができるか。
● 上の方のボタンは自分でとめられるか。
● 下の方のボタンは自分でとめられるか。

③利用者の好みに合わせて、衣服を選んでもらいます。

利用者が選んだ衣服が、季節や部屋の温度に合っているかを確認しましょう

なぜ？
「寒がり」→暑い季節でも重ね着♣15をしたがる人
「暑がり」→寒い季節でも薄着♣16をしたがる人
介護職が気をつけないと体調を悪くしてしまうかもしれません。

④他の人から肌が見えないようにします。

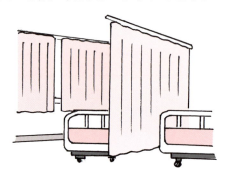

プライバシー♣17を守ったり保温のために、スクリーンやバスタオルなどを使うこともあります

⑤衣服を脱ぐときは、健側から脱いでもらいます（脱健着患）。

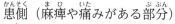
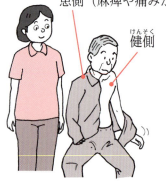

患側（麻痺や痛みがある部分）
健側

なぜ？
患側への負担♣18が軽くなります。

介護職は利用者ができないところを支援します（自立支援）

⑥衣服を着るときは、患側から着てもらいます（脱健着患）。

> 介護職は利用者ができないところを支援します（自立支援）

⑦衣服のしわやたるみを整えます。新しい衣服に着替えても、しわやたるみがあると、きれいに見えません。

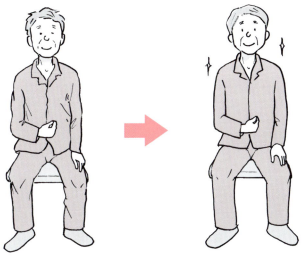

> しわやたるみがあると、利用者は着心地♣19が悪いです

⑧利用者に衣服の着心地、体調の変化と痛みの有無を確認します。

声かけのポイント（⑤−⑥）

介護職は次の介護をするときには、必ず声かけをしましょう。
・健側から衣服を脱がせるとき
・患側から衣服を着せるとき
・ボタンをとめたり、ファスナーをするとき

4 座位でのズボンの着脱の介護（一部介助）

①利用者の体調を確認します。
②利用者に介護の内容を説明し、同意を得ます。
③利用者の好みに合わせて、衣服を選んでもらいます。

> 好みの衣服を着ると、楽しい気持ちで生活できます

> 利用者の衣服の好みを知ることも大切です

④他の人から肌が見えないようにします。

> プライバシーを守ることは、とても大切です。利用者が安心します

⑤ズボンを脱ぐときは、健側から脱いでもらいます。

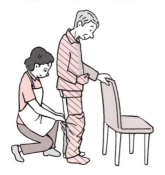

> 立位ができる利用者は、立位になってもらうと介護しやすいです

⑥ズボンを履くときは、患側から履いてもらいます。

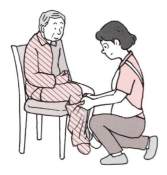

> 床は清潔ではないので、新しいズボンが床につかないように気をつけましょう

⑦ズボンのしわやたるみを整えます。新しいズボンを履いても、しわやたるみがあると、きれいに見えません。

> 上着をズボンの中に入れるか、外に出しておくのかも確認しましょう

⑧利用者にズボンの履き心地♣20、体調の変化と痛みの有無を確認します。

5 ベッド上（仰臥位）での上衣（上着）の着脱の介護

「座位での着脱」のときと同じ①〜④の手順で行います。

①利用者の体調を確認します。
②利用者に介護の内容を説明し、同意を得ます。
③利用者の好みに合わせて、衣服を選んでもらいます。
④他の人から利用者の肌が見えないようにします。
⑤ベッドは、利用者が座って足底がしっかり床につく高さにします。

87

⑥介護職は健側のそでを脱がせて、脱いだ衣服は内側に丸め込むようにして利用者のからだの下に入れます。

なぜ？
衣服をからだの下に入れることで、何度も体位変換する必要がないので、利用者に負担がかかりません。

⑦健側が下になるように利用者に側臥位になってもらって、介護職は利用者のからだの下に入れた衣服を引き出します。

強く引っ張らないように気をつけましょう

⑥がきちんとできていれば、力を入れなくても引き出せます

⑧介護職は患側のそでを脱がせます。

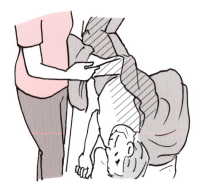

患側は下から支えましょう

なぜ？
上からつかむことは痛みや不快感を与えて、下から支えることは丁寧だと感じる人が多いです。

88

⑨介護職は、着替え用の衣服の患側のそでに腕を通して⑥と同じように利用者のからだの下に入れます。

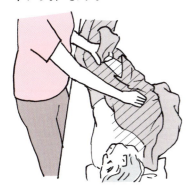

⑩利用者に仰臥位になってもらって、利用者のからだの下から衣服を引き出して健側のそでに腕を通します。

> 無理に力強く引っ張らないように気をつけましょう

> 衣服の背中部分の中心と利用者の背中の中心が合うようにして、引き出します

⑪衣服のしわやたるみを整えます。

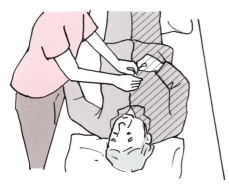

> **なぜ？**
> 臥床のときのしわやたるみは、からだの一部分が押されて血液の流れを悪くします。褥そうをつくる原因にもなります。

⑫利用者に着心地、体調の変化と痛みの有無を確認し、ベッドの高さを元に戻します。

> ベッドの高さは忘れずに元に戻しましょう

6 ベッド上（仰臥位）でのズボンの着脱の介護

「座位での着脱」のときと同じ①～④の手順で行います。

①利用者の体調を確認します。
②利用者に介護の内容を説明し、同意を得ます。
③利用者の好みに合わせて、衣服を選んでもらいます。
④他の人から利用者の肌が見えないようにします。
⑤介護しやすいベッドの高さにします。

> ベッドの高さは利用者に確認しながら変えるようにしましょう

> **なぜ？**
> 介護職も腰痛予防♣21など、からだの安全に気をつけることが大切だからです。

⑥介護職は健側のズボンを脱がせます。

> 腰を上げることができる利用者には、腰を上げてもらうとスムーズです

> 健側の足底に力を入れてもらうと腰が上げやすくなります

⑦利用者の腰を上げ、ズボンを両足とも足首まで下げてから介護を行うと、利用者のからだに負担がありません。

> 腰を上げるときは「いち、にの、さん」などの声をかけましょう

⑧履いてもらうときは、ズボンのすそから介護職の手を入れ、利用者の足底に手を添えます。

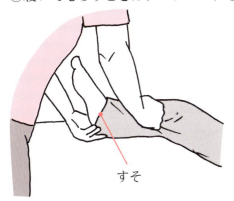

すそ

> ズボンがよれない（曲がらない）ように、まっすぐ丁寧に履かせます

⑨利用者に履き心地、体調の変化と痛みの有無を確認し、ベッドの高さを元に戻します。

> ベッドの高さは忘れずに元に戻しましょう

❸ 整容の介護

1 洗面

朝起きたとき、顔を洗う介護をします。顔を清潔にすることで、気持ちよくなります。

> モーニング・ケアとも言います。朝、目が覚めたら最初にまず、顔を清潔にしたいと思う利用者はたくさんいます

洗面する環境と道具

洗面所

> 朝の清潔感は、一日の生活を楽しいものにします

洗面の介護（利用者が自分で洗顔できる場合）

①車いすに乗っている場合、ブレーキがかかっているか確認します。

②フットサポートをあげ、足底が床についているか確認します。

床が濡れていたら拭き取ります

> ①、②の安全確認ができていても、洗面所の床は滑りやすい場合があります

> 細かいことにも注意して安全に気をつけましょう

> 気持ちのよい朝が迎えられるように介護しましょう

2 顔の清拭

自分で洗面できない利用者には、顔の清拭をします。顔を拭くことは、血液の流れをよくします。

顔の清拭の手順♣22

①利用者の体調を確認します。

②利用者に介護の内容を説明し、同意を得ます。

③介護職はタオルなどを少し熱いお湯（38℃～40℃）で濡らして、かたく絞ります。顔を拭くときに、40℃前後の温度になるようにします。

④介護職が自分の手で熱くないか確認します。

⑤タオルなどを利用者に渡し、熱くないか確認してもらいます。

⑥利用者の姿勢が安定していることを確認します。

⑦利用者が自分で拭けるところは拭いてもらいます。

> 顔を拭くためのタオルは、蒸し器を使用して用意する施設もあります

⑧介護職が手伝う場合は、タオルの使い方、拭く順番に気をつけます。
●目のまわりを拭くときは、目頭から目尻に向けて拭きます。
●タオルは使うところを変えて拭きます。

⑨利用者にもっと拭いてほしいところがないかを確認します。
⑩最後に利用者の体調の変化と痛みの有無を確認します。

> **介護のポイント**
> 顔の清拭を行うときは、ひたいから鼻、耳のうしろは、皮脂や汚れがたまりやすい部分なので特に丁寧に拭くようにしましょう。

3 整髪

①利用者に楽な姿勢♣23になってもらいます。

②髪が服に落ちないように、肩にバスタオルなどをかけます。

③頭皮をブラッシングすることは、血液の流れをよくします。

どのような髪形を好む利用者なのかをよく知っておきましょう

なぜ？
生活意欲の維持♣24や向上♣25になります。

4 ひげそり

男性にとって毎朝のひげそりは、生活習慣です。
- 施設では電動かみそり（シェーバー）でひげそりをします。
- ひげは1日に約0.4mm伸びるので、1日1回はひげそりを行います。

ひげそりの道具

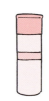

電動かみそり（シェーバー）　　　シェービングジェル　　ローション

> 個人のものを使います

> ・ひげそりから肌を守ります
> ・ひげそり後の肌を保湿♣26します

ひげそりの介護

①利用者の口のまわりをきれいに拭きます。

②利用者のしわを伸ばしながら、シェーバーでひげをそります。そっていないひげがないように気をつけましょう。

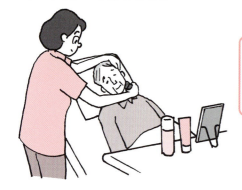

> 曲がっているところは、皮膚を伸ばした状態にしてそりましょう

> 顔の表面に対してシェーバーを90度（直角）に当てるとそりやすくなります

③そった後に、顔の表面に残ったひげを拭きとります。

④ひげそり用のローションなどで皮膚を保護♣27します。

5 つめきり

つめは1日に約0.1mm伸び、足より手の方が早く伸びます。つめは手入れをしないと変形し、皮膚や衣服に傷をつくることがあります。

利用者の清潔保持と安全のためにも、つめの手入れは必要です。

つめきりで使用する道具

つめきり　　つめやすり

> つめやすりは、つめきりに付いているものもあります

つめきりの介護

①つめや皮膚の状態をよく観察します。
②皮膚を傷つけないように注意します。
③切りすぎないようにつめを切ります。
④角がでないようにつめやすりをかけます。

○ スクエアオフ　　× 深づめ　　× バイアス切り

つめやすりをかける

介護のポイント

つめや皮膚に異常があるときは、医療職がつめを切ります。

6 化粧

　化粧は、女性にとって大切な身だしなみです。気分をよくしたり、自分を表現[28]する方法です。利用者の希望があれば化粧の支援をします。

❹ 口腔ケア

　毎日の生活の中で、起床時、食事後、就寝前というように歯磨きはあたりまえ[29]のように行っている行為と言えます。歯磨きなど、口の中を清潔に保つ介護のことを口腔ケアと言います。

　口腔ケアは、口の中をきれいにするだけでなく、いろいろな目的と効果を持っています。

1 口腔ケアの目的と効果

● 虫歯を予防します。
● 歯周病を予防します。
● 唾液の分泌を促進[30]して、口腔内の乾燥を予防します。
● 味覚を保って、食欲がでるようにします。
● 気分を爽快にします。
● 口臭を予防して、人との関係がよくなるようにします。
● 口腔機能（咀しゃく・嚥下、発音、呼吸など）をよくします。
● 誤嚥性肺炎を予防します。

2 口腔ケアの方法

歯磨き

　汚れた歯の表面についている歯垢は、歯の病気の原因になります。

　歯垢は歯ブラシなどを使って歯磨きしないと取ることができません。口腔ケアの基本は、歯ブラシを使った歯磨きです。

歯磨きの手順

①介護職は手を洗って、清潔にして手袋をします。

> 食事をした後に、口の中を清潔にする介護をします

②利用者の姿勢を整えます。座位姿勢であごを引いてもらいます。

> **なぜ？**
> あごが上がっていると唾液や口腔ケア用の洗浄剤が気管に入り、誤嚥しやすくなります。

③介護職もいすに座って、目線を合わせた高さで介護します。

④うがいをしてもらいます。

> 自分でうがいができる利用者にはうがいをしてもらいます

⑤自分でできるところは自分で磨いてもらいます。

⑥介護職が歯ブラシを持ち、歯、歯と歯肉の間、歯の裏側を丁寧に磨きます。

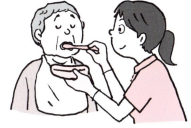

> 歯と歯の間は汚れやすいので注意します

⑦口の中に食べ物が残っていないかを確認します。残っている場合は、もう一度、利用者に磨いてもらいます。必要のあるときは、介護職が磨きます。

⑧自分でうがいができる利用者には、うがいをしてもらいます。

⑨口の中の腫れ♣31や出血がないかを確認します。出血など異常がある場合は医療職に報告します。

歯磨きの介護のポイント

● 歯ブラシはペングリップ（鉛筆の持ち方）で持ちます。

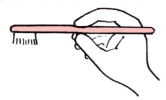

なぜ？
力が調整しやすく、毛先をあてやすいです。

● 歯ブラシをあてるときは、歯ブラシの毛先を歯に対して90度にあてます（①スクラビング法）。歯と歯肉の間は45度にあてます（②バス法）。

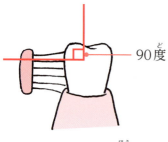
①スクラビング法

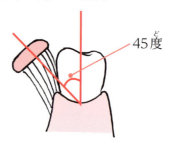
②バス法

● 歯ブラシを動かすときは、力を入れすぎないように注意し、小さく動かしながら一本ずつ丁寧にブラッシングします。

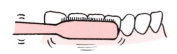

なぜ？
歯ブラシを大きく動かすと毛先が折れて、歯面がうまく磨けません。また、歯の表面を傷つけてしまいます。

● 奥歯は磨き残しやすいので、歯ブラシの先端の部分を使います。

奥歯

● 前歯の裏側も歯磨きをします。
● 歯と歯の間はデンタルフロスや歯間ブラシを活用するとよいです。

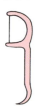 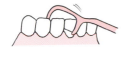
デンタルフロス

歯間ブラシ

口腔清拭

口腔内の炎症がひどいなどの理由で、歯ブラシで歯磨きができない、うがいができない場合は、スポンジブラシを使用したり、ガーゼを指に巻いて口腔内を拭く口腔清拭を行います。

スポンジブラシ

舌もスポンジブラシを使用したり、専用の舌ブラシを使用して舌の表面についている舌苔♣32を取ります。

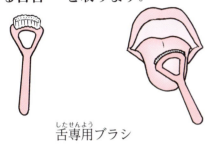

舌専用ブラシ

3 義歯（入れ歯）の管理

義歯（入れ歯）は、歯の欠けている♣33部分を補う目的で使用します。義歯（入れ歯）の役割は咀しゃく機能を維持・向上させる以外にも、発音機能や見た目にも影響します。

義歯（入れ歯）の種類
- 総義歯（総入れ歯）
- 部分義歯（部分入れ歯）

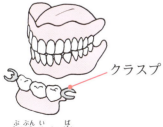

総入れ歯

クラスプ

部分入れ歯

> 食事をした後に、入れ歯を洗い、容器に保管します

義歯（入れ歯）の装着♣34方法

- 義歯（入れ歯）を入れるときは、大きい上あごから先に装着し、はずすときは小さい下あごから先にはずします。
- 下あご用の総義歯（総入れ歯）は、前歯の部分を引き上げることで、簡単にはずすことができます。
- 上あご用の総義歯（総入れ歯）は、上あごにしっかりついているため、前歯の部分を持ち、空気を入れるように入れ歯の後ろを押し下げ、左右に回転させながら力を加えてはずします。
- 部分義歯（部分入れ歯）は、クラスプにつめをかけ、下あご用は上に引き上げるように、上あご用は下に引き下げるようにはずします。装着時は噛まないように、指で金具部分を押し込んで装着します。
- 義歯（入れ歯）を入れるとき（はずすとき）は、両手を使います。

上あご義歯（総入れ歯） 　　下あご（部分入れ歯） 　　上あご（部分入れ歯）

クラスプ

※手袋と片方の手は省略している。

介護のポイント

歯磨きと同じように、義歯の装着も利用者ができることはしてもらいます。

義歯（入れ歯）の清掃と保管♣35

義歯（入れ歯）も細菌が繁殖♣36しやすいため、手入れが大切になります。

食事の後にはずして、義歯用歯ブラシを使って、流水で洗います。落としてこわさないように、水を張った洗面器を下に置いておくと安心です。

介護のポイント

義歯（入れ歯）は、乾燥すると割れやすくなるので、保管するときは、入れ歯用の容器に入れ、清潔な水や義歯用洗浄剤を入れます。

言葉の意味

♣1 **〜らしさ**…人やものの特徴

♣2 **〜過ぎる**…行為（すること）や状態が、いつもより大きかったり、多かったりすること

♣3 **好み**…好きなもの

♣4 **防寒具**…寒いときに着るコート、マフラー、手袋など

♣5 **吸湿性**…汗を吸う性質*

　*性質…生まれたときから持っている特徴

♣6 **通気性**…空気を通す性質

♣7 **ゆとりがある**…きつくない

♣8 **清潔**…きれい

♣9 **保つ**…同じ状態にしておく

♣10 **一般的**…ふつう

♣11 **材質**…材料の特徴

♣12 **漂白剤**…布を白くするもの

♣13 **縮む**…小さくなる

♣14 **一部介助**…利用者ができるところを行い、介護職が一部の動作を介護すること

♣15 **重ね着**…何枚も服を着ること

♣16 **薄着**…寒いときでも、何枚も着ないこと

♣17 **プライバシー**…自分の情報や知られたくない情報を守る権利

♣18 **負担**…できることより重い仕事など

♣19 **着心地**…問題なく着られていること

♣20 **履き心地**…問題なく履けていること

♣21 **予防**…ならないようにすること

♣22 **手順**…する順番

♣23 **姿勢**…動作をするときのからだの形

♣24 **維持**…今の状態を続けること

♣25 **向上**…よくなること

♣26 **保湿**…乾燥しないようにすること

♣27 **保護**…まもること

♣28 **表現**…自分の気持ちを言葉や行動で伝えること

♣29 **あたりまえ**…特別ではない普通のこと

♣30 **促進**…早く進むようにさせること

♣31 **腫れる**…からだの部分がふくれること

♣32 **舌苔**…口腔内の古くなった細胞や残った食べ物についた細菌が繁殖して、舌についた白いもの

♣33 **欠けている**…全部ではないこと

♣34 **装着**…つけること

♣35 **保管**…ものを預かって、こわしたりなくしたりしないようにしておくこと

♣36 **繁殖**…動物や植物などがどんどん新しく、生まれて増えていくこと

Chapter 2 移動の介護

❶ 移動の介護を行う前に

1 移動の介護の意義

人は、「食事をする」「トイレに行く」「着替えをする」「入浴する」など、移動をしながら生活しています。からだを動かさないと体力が低下[1]します。起き上がることも、立ち上がることもできなくなります。

介護職は、移動の介護を行って、利用者の日常生活を支援します。移動の介護では、利用者の体力が低下しないようにして、移動の自立を支援します。

2 移動に関係するからだの部位

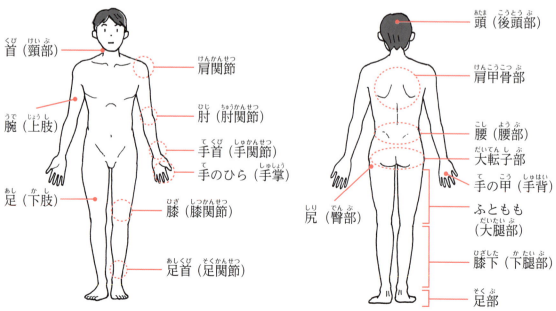

3 麻痺について

- 利用者が患側をけがしないように、介護職は気をつけます。
- 利用者に、健側を動かしてもらい、移動の自立を支援します。

4 ボディメカニクスを利用する

ボディメカニクスは、人間のからだの使い方や動かし方のことです。移動の介護では、ボディメカニクスを利用することで、少ない力で安全に介護することができます。

①足を開き、重心を低くします（安定します）。

②重心を近づけます（近い方が、少ない力で介護できます）。

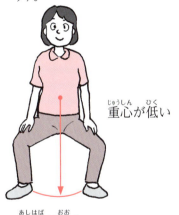

重心が低い
足幅が大きい

重心が近い

③ふとももなどの大きい筋肉を使います（大きい筋肉を使うことで、楽に介護ができます）。

腰を落とす

④利用者のからだを小さくまとめます（動かしやすくします）。

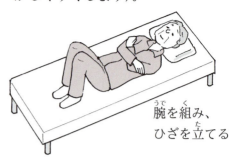
腕を組み、ひざを立てる

⑤利用者のからだを引きます（楽に動かせます）。

引く力

⑥重心を移動して利用者のからだを動かします（腕だけでなく、全身を使うと、楽に動かすことができます）。

重心を移動する

⑦足を移動する方に向けます（からだをひねると、負担が大きくなります）。

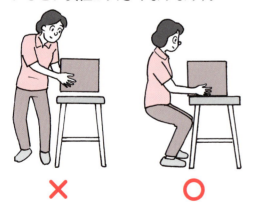

⑧てこの原理を使います（「支点」をつくると、大きな力に変えることができます）。

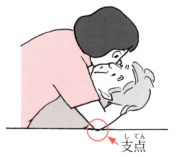
支点
肘で支点をつくって、利用者の頭部を支える

❷ 移動をする環境と福祉用具

1 介護を行う施設の環境

利用者は手すりのない場所、立ち上がる場所などでは、転倒しやすいので注意します。壁や家具などにも、ぶつからないように注意します。

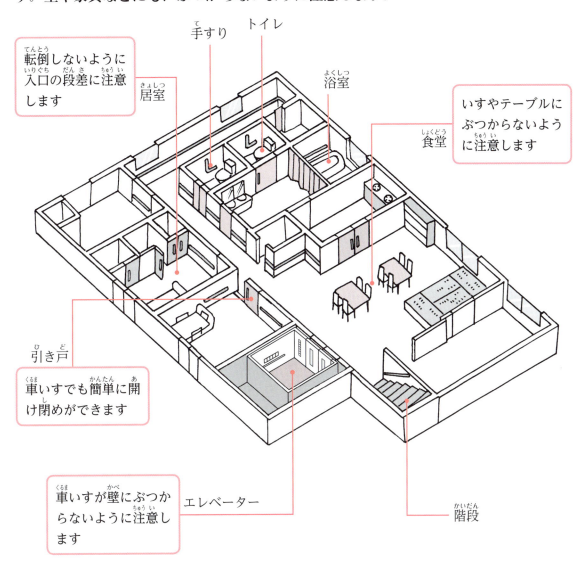

2 車いす

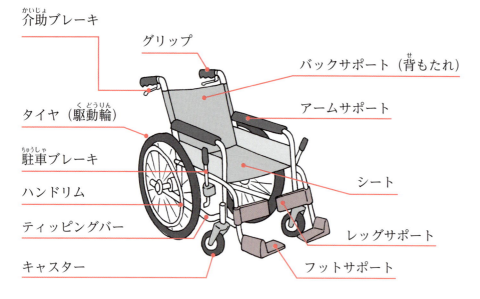

3 歩行支援用具

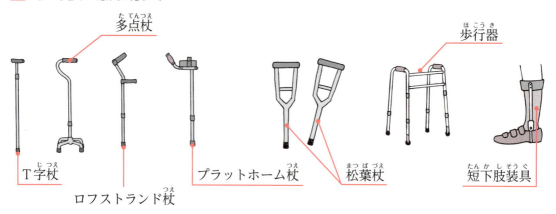

4 介護ベッド

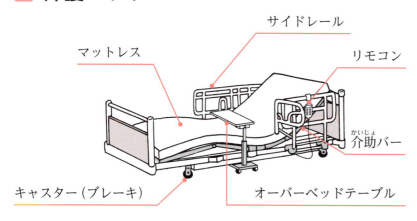

❸ 寝返り、起き上がり、立ち上がりの介護

寝返り、起き上がり、立ち上がりの介護は、体位変換を目的とするときなどに必要になります。

1 寝返りの介護（仰臥位♣4→側臥位♣5）

①利用者に体調を確認します。

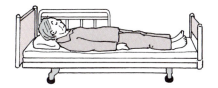

②利用者に介護の内容を説明して、同意を得ます。

③ベッドを介護職が介護しやすい高さに上げます。

> **なぜ？**
> ベッドの高さを上げると、介護職は腰を曲げずに、楽に介護することができます。

④利用者の顔を動かす方向に向けます。利用者に患側の腕（上肢）を健側の手で抱えてもらいます。健側の下肢を患側の膝の下に入れてもらいます。介護職は、利用者の肩と腰部を支え、ゆっくり介護職の方に倒します。

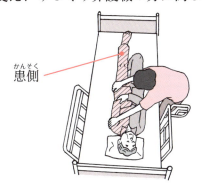

患側

> **なぜ？**
> 利用者のからだを小さくすることで、利用者も介護職もからだの負担を少なくできます。

⑤利用者のからだを安定した姿勢にし、ベッドの高さを元の高さに戻します。背中側にクッションをはさみ、安定させる場合もあります。

からだが安定する形

> 衣服のしわは伸ばします。しわがあると、褥そうの原因になります

2 起き上がりの介護（側臥位→端座位♣6）

①側臥位から、利用者の両方の膝を曲げて、ゆっくりベッドから下ろします。

> **なぜ？**
> ベッドから下肢を下ろすと、利用者のからだを起こしやすくなります。
> 転落しないように、ゆっくり下ろします。

②利用者は、ベッドの手すりにつかまり、肘をついて力を入れて、からだを起こします。介護職は、利用者の頸部から肩甲骨を片方の手で支えて、起き上がりを介護します。

弧を描く

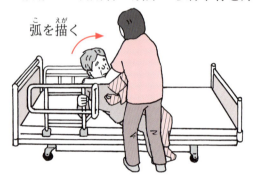

> 利用者の上体が弧を描くように起こします

③利用者のからだを安定した端座位にします。利用者に衣服のしわやたるみがないか、体調の変化や痛みの有無を確認します。

介護のポイント

座位の安定には、利用者は、手すりにつかまるか、ベッドに手のひら（手掌）をついて、からだを支えると座位が安定します。足を床につけ靴を履きます。

3 立ち上がりの介護（端座位→立位）

①利用者に健側の臀部をベッドの端に動かしてもらいます。介護職は、利用者の患測の臀部をベッドの端に動かして、浅く座ってもらいます。

> **なぜ？**
> ベッドに浅く座ると、足を後ろに引きやすくなります。

②利用者はベッドに浅く座り、健側の足を少し後ろに引きます。

> **なぜ？**
> 足を後ろに引くと、足に重心をかけやすくなります。

③介護職は利用者の患側に立って、膝と腰を支えます。利用者は、頭を下げて前かがみになるようにしてゆっくり立ちます。

> **なぜ？**
> 膝を支えると、足が伸び、転倒を防ぎます。前かがみになることで、立ち上がりやすくなります。

④立ち上がったら、利用者の姿勢を安定させます。

> 介護職は、患側に立って、転倒を防ぎます

声かけのポイント

介護職は次の介護をするときには、必ず声かけをしましょう。
・ふとんをめくるとき　・腕や膝を動かすとき　・からだを起こすとき

❹ 車いすの移乗の介護

1 車いすの使い方

車いすの開き方

● ブレーキをかけた状態で、アームサポートを持って、少し開きます。次に、シートを両手で押し下げます。

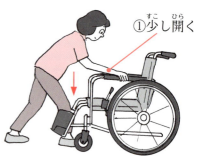

①少し開く
②シートを両手で押し下げる

車いすの閉じ方

● ブレーキをかけた状態で、シートの前と後ろをつかみ、上に持ち上げます。

①ブレーキをかける
②シートを持ち上げる

車いすに乗る前の注意点

- 折りたたみの開閉のゆるみ、フットサポートにゆるみがないことを確認します。
- バックサポート（背もたれ）やシートが固定されているか、汚れがないかを確認します。
- キャスターに不具合♣7がないことを確認します。

車いすに乗るときの注意点

- 使う前に、タイヤの空気の量、ブレーキ（介助ブレーキ、駐車ブレーキ）を確認します。
- 乗ったり降りたりするとき、止まっているときは、ブレーキをかけます。
- フットサポートに利用者の足を乗せ、利用者の手をアームサポートの内側におきます。
- 利用者に声をかけてから動かします。

止まっているときは、ブレーキをかけます

2 ベッドから車いすへの移乗（一部介助）

①利用者に体調を確認します。
②利用者に介護の内容を説明して、同意を得ます。
③利用者は、健側の臀部を前へ動かします。介護職は、利用者の健側の手が届く位置に車いすを近づけます。

> なぜ？
> 臀部を前へ動かすと、車いすに近づきます。

> 立つとき、健側の足を患側より後ろにすると、立ち上がりやすくなります

111

④利用者は、車いすの遠い方のアームサポートをつかみます。介護職は、患側の膝とつま先を支えます。

> **なぜ？**
> 患側の膝とつま先を支えて膝が伸びると、しっかり立てます。

⑤利用者は、頭を下げてゆっくり立って、車いすの方へからだをまわします。

> **なぜ？**
> 頭を下げて立ち上がると、足に重心が移り、立ち上がりやすくなります。

⑥利用者は、健側の臀部をバックサポート（背もたれ）の方へ動かします。患側は介護職が動かします。フットサポートに利用者の足を乗せて安定させます。利用者ができることはやってもらいます。

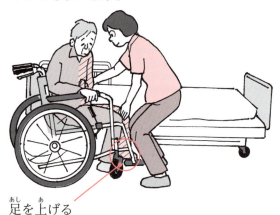

足を上げる

> 車いすに利用者が深く座るようにします。車いすに移乗後、衣服にしわやたるみがないように整えます

3 車いすからベッドへの移乗（一部介助）

①利用者の健側の手がベッド側になるように、車いすを止めます。

②利用者は、臀部を前へ動かして、ベッドの手すりを健側の手でつかみます。

③介護職は、患側の膝を支えます。利用者は、頭を下げて前かがみになるように立ち上がって、ゆっくりとベッドに座ってもらいます。介護職はゆっくりと利用者の動作を介護します。

④安定した座位になるように、利用者はベッドに深く座ります。

4 ベッドから車いすへの移乗（全介助*8）

① 3の①から③までは同じ順番で行います。

②介護職は両手を利用者の腰に回します。利用者は健側の腕を介護職の肩へ回します。介護職は利用者の患側の方の足で、利用者の患側の膝を足の外側から支えます。

支えるとき、腰を低くし利用者の重心を近づけると、楽に動かせます
介護職は、動く方向へ足先を向けると、簡単に動けます

③利用者のからだを前へ傾けます。利用者の足に重心が移動したら、ゆっくりと立ち上がってもらいます。

> **なぜ？**
> 利用者のからだを前へ傾けると、利用者の足に重心が移り、立ち上がりやすくなります。

④介護職は、利用者といっしょに車いすの方へまわります。介護職は、膝を曲げて腰を低くし、利用者にゆっくりと車いすに座ってもらいます。

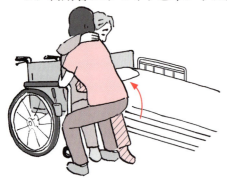

> **なぜ？**
> 介護職が先に腰を低くすると、利用者が後ろに倒れないで、安全に座ることができます。

⑤安定した座位になるように、利用者を車いすに深く座らせ、フットサポートに足を乗せる介護をします。衣服にしわやたるみがないように整えます。

5 車いすからベッドへの移乗（全介助）

① 3 の①②の手順で車いすをベッドの近くに止めます。

②介護職は両手を利用者の腰に回します。利用者は健側の腕を介護職の肩へ回します。介護職は利用者の患側の方の足で、利用者の患側の膝を足の外側から支えます。

③利用者のからだを前へ傾けます。利用者の足に重心が移動したら、ゆっくりと立ち上がってもらいます。

④介護職は、利用者といっしょにベッドの方へまわります。介護職は、膝を曲げて腰を低くし、利用者にゆっくりとベッドに座ってもらいます。

⑤安定した座位になるように、利用者はベッドに深く座ります。

❺ 車いすの移動の介護

1 平地[*9]を押す

- 介護職は、利用者に体調の確認を行い、介護の内容を説明して、同意を得ます。
- 介護職は、運動靴を履き、動きやすい服装で介護します。
- 利用者の足をフットサポートに乗せて、手や腕はアームサポートやふとももに置きます。
- 車いすの動きを利用者に伝えます。
- 普通に歩くよりゆっくり車いすを押します。
- 車いすに乗ったり降りたりするとき、止まっているときは、ブレーキをかけます。

> **なぜ？**
> 車いすに乗ると、目線が低くなって、怖いと感じるため、ゆっくり押します。

2 段差のある所を上る・段差のある所を下りる

段差のある所を上る

- 介護職は、利用者に体調の確認を行い、介護の内容を説明して、同意を得ます。
- 車いすの動きを利用者に伝えます。
- 段差の前で車いすを止めます。ティッピングレバーを踏んで、グリップを斜め下の方向に押します。

- キャスターが上がったら、キャスターを段の上へゆっくり乗せます。
- 介護職は、バックサポート（背もたれ）にふとももを当てて、車いすを斜め上の前方に進めるようにして段の上に押し上げます。

段差のある所を下りる

- 介護職は、利用者に体調の確認を行い、介護の内容を説明して、同意を得ます。
- 車いすを後ろ向きに動かし、段の手前で止めます。
- 介護職は、バックサポート（背もたれ）にふとももを当てます。ふとももと両手で車いすを支えながら、駆動輪を段の下へゆっくり下ろします。

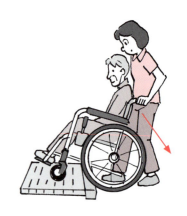

- ティッピングレバーを踏んで、グリップを斜め下の方向に押します。
- キャスターが上がったら、介護職は一歩後ろに下がり、キャスターをゆっくりと段の下へ下ろします。

3 坂道

上り坂

- 介護職はわきをしめて、両足を大きく開いて押します。

下り坂

- 車いすを後ろ向きにします。
- 介護職は、わきをしめて、両足を大きく開き、後ろの安全を確認しながら下ります。

> **なぜ？**
> 足を大きく開くと、腕だけでなく、ふとももの大きな筋肉が使えます。

❻ 歩行の介護

1 基本の姿勢

利用者は、患側の後ろへ転倒しやすくなります。介護職は利用者の患側の後ろに立って、転倒を防ぎます。利用者の上体♣10がまっすぐか、大きく足を上げているか、注意します。前かがみの姿勢や、足を上げないで歩くのは、転倒の原因になります。杖の長さは、大転子部の高さに合わせます。

2 杖歩行

3動作歩行

①杖→②患側の足→③健側の足の順番に、3動作で歩きます。

①杖を出す　②患側を出す　③健側を出す

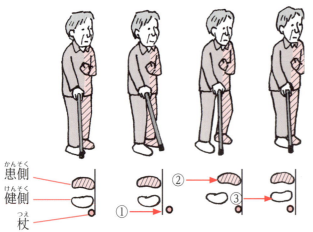

なぜ？
杖と反対側の患側の足を出すことで、支持基底面積（からだを支える面積）が広くなり、歩行が安定します。

2動作歩行

①杖と患側の足→②健側の足の順番に、2動作で歩きます。

3 杖歩行の介護

平地

- 介護職は、利用者の患側の後ろに立ち、患側の腕と腰を支えます。
- 利用者は、①杖→②患側の足→③健側の足の順番に、歩きます。

段差を越える

- 介護職は、段差のあるところで止まって、利用者に段差を越えることを説明して、同意を得ます。
- 利用者は、①杖→②患側の足→③健側の足の順番に、段差を越えます。

階段を上る

- 介護職は、階段の手前で止まって、これから階段を上ることを伝えます。
- 利用者は、①杖→②健側の足→③患側の足の順番に、階段を上ります。

> 介護職は、階段の一段下に立って見守り、転落を防ぎます

> **なぜ？**
> 患側の足は上げにくく、階段の上に乗せることが難しくなります。健側の足から上ることで、患側の足を引き上げることができます。

階段を下りる

- 介護職は、階段で止まって、これから階段を下りることを伝えます。
- 利用者は、①杖→②患側の足→③健側の足の順番に、階段を下ります。

①

②

③

> 介護職は、階段の一番下に立って見守り、転落を防ぎます

❼ 視覚障害（目が見えない人、目が見えにくい人）の歩行

1 白杖と盲導犬

　目が見えない人、目が見えにくい人が道路を歩くときは、「白杖」を持って歩くか、「盲導犬」と歩くことが多いです。白杖は、二歩先の道路の様子を知る道具です。盲導犬は、目が見えない人、目が見えにくい人が安全に歩けるよう、訓練を受けた犬です。

盲導犬

2 視覚障害（目が見えない人、目が見えにくい人）の歩行の介護

歩行の介護の基本

目が見えない人、目が見えにくい人は、介護職が歩行の介護を行うことで、安心して外出することができます。

〈基本の姿勢〉
介護職は利用者の斜め前に立ちます。利用者は、介護職の肘の上をつかみます

声をかけるときの注意点

- 最初に、利用者の顔の前で、自分の名前を伝えます。次に基本の姿勢になります。
- 声をかける前に利用者には触れないようにします。
- 歩く方向を説明してから歩きます。
- 「あっち」「そっち」などの言葉は使いません。「右」「左」「1m先」など、具体的[11]に言います。

視覚障害者誘導用ブロック

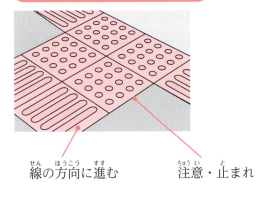

線の方向に進む　　注意・止まれ

電車のホームや、道路を渡るときは、注意・止まれを指すブロックより後ろの位置で待ち、事故を予防します

❽ 移動・移乗を支援する道具

車いすや杖の他にも、移動や移乗を支援する道具は、いろいろなものがあります。利用者の自立の状態に合わせて、必要なものを使用します。

移動用リフト　　　　　スライディングボード　　　　　スライディングシート

言葉の意味

♣1 **低下**…弱くなること

♣2 **環境**…まわりの様子

♣3 **用具**…使う道具

♣4 **仰臥位**…仰向けで寝た姿勢

♣5 **側臥位**…からだを横に向けて寝た姿勢

♣6 **端座位**…ベッドの端で、足を下ろして座る姿勢

♣7 **不具合**…状態、調子がよくないこと

♣8 **全介助**…ほとんど介護職の力によって、動作を行うこと

♣9 **平地**…平らなところ

♣10 **上体**…からだの腰から上の部分

♣11 **具体的**…例を使って、わかりやすくすること

Chapter 3 食事の介護

① 食事の介護を行う前に

1 食事の意義

食事は食べ物などを食べて、健康を保ち、生活する力をつくることが目的です。

人の生活で食べることは「楽しみ」なことで、人と人との大切なコミュニケーションの場になります。

毎日、決まった時間に食事をすると、一日の生活時間を整えることができて、生活も安定します。

2 食事に関係するからだの部位

食事に関係するからだの部位に、脳があります。食事をするとき、目で見る色、形、においや音などの情報は、感覚器官[1]から脳に集められます。

①脳が、何を食べるのかを決めて、手を動かして、箸やスプーンなどで食べ物を口まで運びます。

②口に運んだ食べ物を、歯を使って噛んで（咀しゃく）、食べ物のまとまり（食塊）をつくります。

舌にある味蕾[2]で、味を感じます。

③食塊を飲み込み、喉から食道へ送ります（嚥下）。

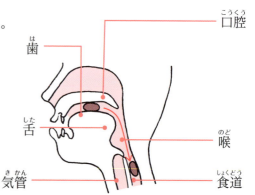

124

3 食事する環境

食事は、清潔で明るくリラックスできる環境を整えることが大切です。

環境づくりのポイント

- 照明の明るさや色を工夫する。
- テーブルをきれいにする。
- いやなにおいがしないようにする。
- 使い慣れた箸、スプーンなどを使用する。

※テーブルクロスをかける、花を飾る、音楽をかけるなど、楽しい環境にする工夫があります。

4 食事の種類

食事の主食は、ご飯、パン、麺類などがあります。利用者の咀しゃくや嚥下の能力に合わせて、やわらかくしたり、刻んで食べやすくします。

ご飯が中心の食事

パンが中心の食事

麺が中心の食事

刻み食

大きい食べ物を刻んで食べやすくします。咀しゃくや嚥下の能力に合わせて、刻む大きさを工夫します。

ミキサー食

料理をミキサーでやわらかくします。咀しゃくする力が弱い人によいです。料理の形がなくなるので、利用者に料理の元の形を見てもらってからミキサーにかけるようにします。

ソフト食

調理方法を工夫して、食べ物をやわらかくしてあります。咀しゃくや嚥下がしやすくなっています。

とろみ食

嚥下機能の低下した人は水分にむせ[3]やすいため、お茶、ジュースなどの飲み物や味噌汁、スープなどの汁物には、とろみをつけます。利用者に合わせてとろみは調整します。

5 食事で使う道具

筋力の低下があったり、麻痺や拘縮♣4 で上肢の機能に問題がある場合には、利用者の状態に合わせて工夫した道具を使用します。

にぎりやすくした
スプーン・フォーク

すべり止めマット

❷ 食事の準備

利用者が食事をするまでには、調理、盛りつけ♣5、配膳♣6、利用者の姿勢を整えるといった準備が必要になります。

1 調理・盛りつけ

- 食べ物の好き嫌いに気をつけます。
- 利用者に合わせた食事の形にします。
- アレルギーなど、食べてはいけないものに気をつけます。
- 味付け（塩分・糖分など）に気をつけます。
- 温かいものは温かく、冷たいものは冷たく食べられるように気をつけます。
- 盛りつけを工夫します。

2 配膳

日本食（和食）の配膳は、①左手前にご飯などの主食、②右手前に汁物、③右奥に主菜♣7、④左奥に副菜♣8 を置き、⑤箸は左手前側に箸の先がくるように置きます。

利用者が左利きの場合や右片麻痺で、左手で箸を使う場合は、箸先を右手側に向けて置きます。

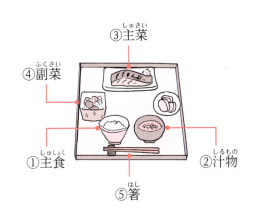

視覚障害のある人（目が見えない人、目が見えにくい人）の場合は、食べ物の位置を**クロックポジション**と言われる時計の短い針の位置で知らせる方法があります。

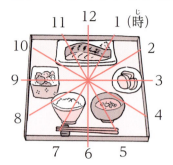

7時の位置にご飯、5時に汁物、12時に魚、3時に漬け物、9時に煮物と説明します。食器に手を触れてもらい食べ物の位置を確認してもらいます

3 食事の姿勢

食事は、生活の楽しみになりますが、誤嚥・窒息など命が危険になる場合もあります。介護職ができる介護は利用者の口に食べ物を入れるまでです。安全に飲み込むことができるかは利用者の力となります。

安全においしく食事してもらうためには、調理や食事形態の工夫、丁寧で適切な介護、**正しい食事の姿勢**が重要です。

食事の姿勢

正しい食事の姿勢は、いすに深く腰掛け、足の裏をしっかり床につけ、少し前かがみになり、あごを引いた姿勢です。

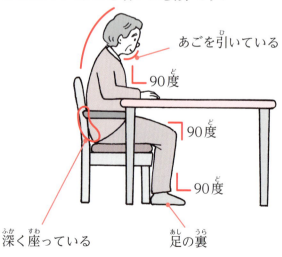

いすに深く座り、足の裏が床につくようにします

- あごを引くと、食べ物が喉の奥に入ってしまうことを防ぐことができて、安心して噛むこと（咀しゃく）ができます。
- いすは、深く腰掛けたときに膝と足首が90度の角度になる高さがよいです。
- テーブルは、肘を90度に曲げてテーブルの上におけるぐらいの高さがよいです。

- 食事は、安定した座位姿勢が保持できれば、いすに移乗して食事した方がよいです。
- 車いすで食事をするときは、フットサポートから足を下ろして、足を床にしっかりつけます。

ベッド上での食事の姿勢

からだの障害や状態によって、座位姿勢で食事をすることが難しい場合は、ベッド上で食べることになります。

ベッドのギャッチを上げ、できるだけ上体を起こした姿勢になってもらいます。ギャッチを上げるときは、先に足を上げます。起き上がった後は、からだをマットレスから一度離して戻す介護をして、背部や腹部が緊張しないようにします。

介護のポイント

ベッド上での食事のときも、あごを引くことが大切です。自分であごを引く姿勢をとることが難しいときは、頭の下に枕やバスタオルをあてて調整します。

③ 食事の介護

1 食事の流れ・手順

①食事の時間ということを説明して、体調や気分の確認、食事をする同意を得ます。

②排泄を終わらせて、利用者の手を清潔にします。

③テーブルまで移動していすに移ってもらい、正しい食事姿勢にします。

> **なぜ？**
> 正しい食事の姿勢は、誤嚥を予防します。

④食べこぼしがある人には、利用者の同意を得てエプロンやタオルをします。

⑤利用者の食べられないものや決められた食事形態と、準備された食事に問題がないかを確認します。

⑥食事を利用者の正面に見える位置に置きます。

> **なぜ？**
> 食べ物が目の前にあると、視覚や嗅覚の刺激が脳に伝わり、食事に対する意欲が高まります。

⑦介護職は利用者の利き手♣9側また、健側の斜め前に座ります。

左手で持つ
左側から介護する場合

右手で持つ
右側から介護する場合

> **なぜ？**
> 立った状態で介護すると、利用者の視線が上を向いてあごが上がります。食べ物が上から入るので誤嚥を起こしやすいです。

⑧献立（メニュー）を説明します。メニューを説明するとき、熱さや冷たさ、食材や料理方法なども説明して食欲がでるような声かけをします。

⑨食事の最初にお茶や汁物などを飲んでもらいます。

> **なぜ？**
> 口腔内が乾燥していると、飲み込みにくくて、誤嚥を起こしやすいです。
> 水分で口腔内を湿らすことで飲み込みやすくします。

⑩利用者の食事状況に合わせて、食器を取りやすい位置に置く、魚の骨を取る、果物の皮をむくなど必要な介護を行います。

⑪食べこぼしがある場合は、利用者の口を拭いて、衣服の汚れがないかを確認します。

⑫食事が終わったか利用者に確認します。残したものがあれば、残した理由を聞くようにします。食事摂取♣10量と水分摂取量をチェックして記録します。

⑬口の中に食べ物が残っていないか確認して、お茶などの水分をとってもらいます。

⑭下膳♣11します。

⑮口腔ケア（うがい、歯磨き、義歯の清掃）をしてもらいます。

⑯食後、30分ぐらいは誤嚥性肺炎♣12の予防のため、座位姿勢になってもらいます。

2 食事の介護の注意点

- 食事中の観察をします。食事のペース、姿勢、食べる動作に問題はないか、咀しゃくや嚥下の状態などに気をつけます。
- 常に利用者の目線より下で、食べ物を入れます。

> **なぜ？**
> 目線より上になると、利用者は食べ物が見えないので、食べ物が意識できなくなります。また、あごが上がることで誤嚥しやすくなります。

- 利用者の希望に合わせて食べ物を口に運ぶようにします。
- 一口の量の食べ物を口に運ぶ速さは、利用者の希望を確認したり、観察したりして調整します。
- 使用するスプーンは、全体が舌の中央♣13に入る大きさのものがよいです。

> **なぜ？**
> 大きなスプーンを使うと、すする♣14ことがあって、誤嚥しやすくなります。また、一口の量が多くなるので、食べにくくなります。

● 食べ物は口より下から口元に近づけて、口を開けてもらい、下唇に沿って水平に入れ、舌の手前につけてスプーンを水平に引き抜くようにします。

スプーンを水平に入れる
スプーンを水平に引き抜く

● 唇が閉じにくく、こぼしやすい人の場合は、食べ物を口に入れたら、口を閉じてもらいスプーンを水平に引き抜くようにします。
● 片麻痺がある場合、健側の口角から食べ物を入れるようにします。
● あごを引いた状態で咀しゃくしているか気をつけます。
● 楽しい会話ができるようにします。ただし、咀しゃく中は話しかけないようにします。

> **なぜ？**
> 咀しゃく中に話しかけられても答えにくいです。また、答えようとしたときに誤嚥しやすくなります。口の中に食べ物があるときは咀しゃく・嚥下に集中できるよう見守ります。

● 全部飲み込んだことを確認します。

言葉の意味

♣1 **感覚器官**…目、鼻、耳、皮膚など

♣2 **味蕾**…舌の表面にあるたくさんの細胞で、甘味、酸味、苦味、塩味、渋味、辛味などの味覚を感じる

♣3 **むせる**…食べ物や飲み物が気管に入って、苦しくなったり咳がでたりすること

♣4 **拘縮**…筋肉や関節が縮んだり固まったりして動かなくなる状態

♣5 **盛りつけ**…できた料理を皿にのせたり、入れ物に入れたりすること

♣6 **配膳**…料理や食器を配ること

♣7 **主菜**…食事の中心になるおかず

♣8 **副菜**…主菜の他のおかず

♣9 **利き手**…よく使う方の手

♣10 **摂取**…栄養などをからだの中に入れること

♣11 **下膳**…食事の食器などを片付けること

♣12 **誤嚥性肺炎**…食べ物や胃液、おう吐物などが気道に入って、細菌が繁殖して発症する肺炎のこと

♣13 **中央**…真ん中

♣14 **すする**…スープやみそ汁のようなものを少しずつ、吸いながら食べること

Chapter 4 入浴・身体清潔の介護

❶ 入浴の介護を行う前に

1 入浴の意義

入浴や**清拭**は、からだを清潔な状態にします。清潔を保つことは病気を予防し健康を維持していくために必要です。

清潔だと気持ちも明るくさわやかになります。身だしなみが整っていると、安心して他の人といっしょに活動することができます。また、血行♣1をよくする、安眠などにも効果があります。

入浴の介護では、からだの清潔を保つだけではなく、リラックスして入浴が楽しめるように声かけをしていきましょう。

2 入浴による効果♣2とからだの変化

からだをきれいにして温まることでいろいろな効果と変化が起きます。

①血液循環♣3がよくなる
　温まることで血管が広がります。

②気分が爽快♣4になる
　きれいになることで気分がよくなります。

③新しい意欲が持てる
　気分がよくなって、新しい意欲が生まれます。

④安眠につながる
　からだが温まることで眠くなります。

⑤疲れがとれる
　入浴後に休むことで疲れがとれます。

⑥関節の痛みが軽くなる
　温めることで筋肉がやわらかくなります。

3 入浴に関係するからだの部位

■ 汚れやすいからだの部位

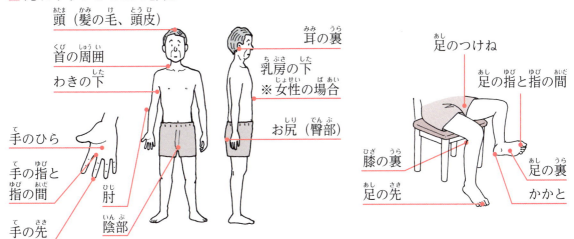

- 皮膚と皮膚の間や、からだの表面から見えにくい部分に汚れが溜まりやすくなります。
- からだを洗うときは、汚れがないか確認してきれいにしましょう。

4 入浴する環境や道具、浴槽の種類

浴室環境と道具

■ 入浴の環境

入浴では、体調の変化や事故が起きやすいです。安全に入浴できるように、環境を整えましょう。

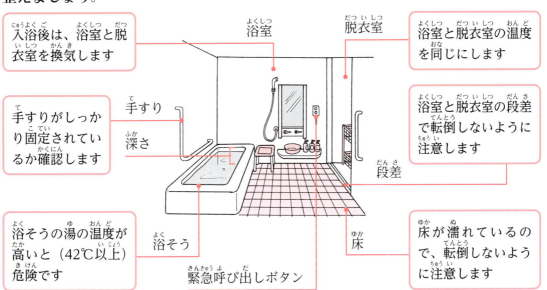

■ 入浴の介護で使う道具

利用者が無理をしないで入浴できるように、いろいろな道具が活用されています。道具を使うことで、利用者の安全と自立を支援しましょう。

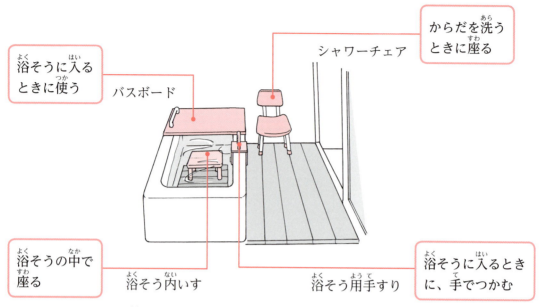

- からだを洗うときに座る → シャワーチェア
- 浴そうに入るときに使う → バスボード
- 浴そうの中で座る → 浴そう内いす
- 浴そうに入るときに、手でつかむ → 浴そう用手すり

● シャワーチェアの高さは浴そうの高さと同じくらいにします。

なぜ？ 浴そうへの出入りのときに、移動しやすいです。

浴そうの種類と入浴方法

■ 浴そうの種類

浴そうの種類には和式、洋式、和洋折衷式[5]の3種類があります。

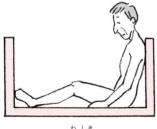

和式
足を曲げて入るので、立ち上がりやすい
浴そうが深いので、心臓への負担が大きい

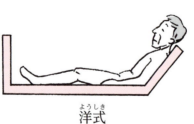

洋式
足を伸ばして入るので、立ち上がりにくい
浴そうが浅いので、心臓への負担は軽い

和洋折衷式
自然な形で入浴できる和式と洋式のいいところを合わせたもの

136

■ 入浴方法

浴そうに入ることができない利用者には、機械を使った入浴があります。

チェア浴　　　　　　　リフト浴　　　　　　ストレッチャー浴

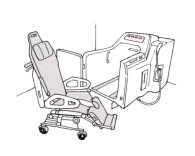
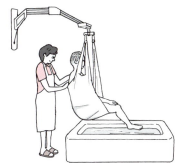
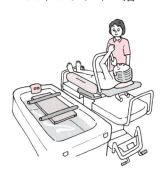

❷ 入浴の介護

1 入浴前の準備

入浴の介護では、準備をしっかり行って、利用者の体調を確認しましょう。

脱衣室と浴室の準備

● 夏は冷房、冬は暖房を入れ脱衣室と浴室の温度があまり違わないようにしましょう。

> なぜ？
> 脱衣室と浴室の温度が違うと、ヒートショック♣6の原因となります。

● 必要なものを準備して、浴室では介護職がすぐに取れるところに置きましょう。

> なぜ？
> 準備をしていることで、入浴中も利用者の見守りができます。見守りをしないと転倒の危険があります。

● 入浴中は汗をかくので、脱水にならないように水分補給しましょう。

体調確認と声かけ

- 利用者に声をかけ、体調を確認し、入浴することを説明して、同意を得ます。
- 食後の1時間は、入浴しないようにしましょう。

> **なぜ？**
> 食後すぐの入浴は、消化♣7不良♣8の原因になります。

- 入浴前には、排泄が終わっているようにしましょう。

> **なぜ？**
> 入浴中は腸の動きが活発になって、失禁してしまうことがあります。

2 脱衣室での衣服の着脱

脱衣室へ誘導したらいすに座って衣服を脱いでもらいます。
- 衣服を脱ぐときは、健側から脱いでもらいます。

> 脱健着患が基本です。
> 自分でできることはやってもらいましょう（自立支援）

- 脱いだ衣服と入浴後に着る衣服は分けておきましょう。
- 眼鏡や補聴器をはずしているか確認しましょう。

> **なぜ？**
> 補聴器は濡らしてしまうと、故障の原因になります。

● 寒くないように、室温を調整し、バスタオルなどをかけ、プライバシーに気をつけましょう。

> 肌が他の人に見られないようにして、プライバシーを守りましょう

介護のポイント

・入浴の介護を始める前に、脱衣室の室温を調整しておきましょう。
・眼鏡や補聴器などははずしているかしっかりと確認して、壊れないようにケースに入れておきましょう。
・洗濯する衣服は、ポケットに何も入っていないか確認しましょう。

3 洗身・洗髪

浴室へ移動する

● 脱衣室から浴室へ移動するときには、付き添いましょう。
● いすに座る前に、お湯でいすや背もたれを温めましょう。

なぜ？
浴室は滑りやすく、転倒に注意するためです。

なぜ？
温めずにいすに座ると冷たいです。

からだにシャワーをかける

● からだにシャワーをかける前に、必ず声かけをしましょう。

> **なぜ？**
> 急にシャワーをかけるとびっくりします。

● 声かけは、いつもより大きな声でしっかり伝わるようにしましょう。

> **なぜ？**
> シャワーの音で聞こえにくくなります。

● 温度を確認して、手をお湯にあててシャワーをかけましょう。

> **なぜ？**
> お湯に触れていることで温度変化にすぐに気づけるようにします。

● シャワーは、利用者の心臓から遠い指先からかけていきましょう。

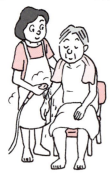

> 麻痺がある場合は、健側からかけていきましょう

からだを洗う

● 指先から心臓に向けて洗いましょう。
● 皮膚と皮膚の間は汚れが溜まりやすいので確認をして、洗いましょう。
● あまり強くこすらないで、皮膚が弱い人には泡で洗うようにしましょう。

> **なぜ？**
> 皮膚が弱くなっているので、強くこすると皮膚によくないです。

頭、顔を洗う

- 耳にお湯が入らないように、手で押さえましょう。
- シャワーをかけて、髪の毛を濡らします。
- 髪を洗うときは、指の腹で洗いましょう。

なぜ？
つめで洗うと頭皮を傷つけてしまいます。

- 利用者が顔を洗うことが難しいときは、タオルで顔を拭きましょう。

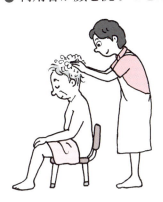

介護のポイント
- からだを洗う前に、全身の皮膚の状態を観察しましょう。
- 自分でできることは、声かけをして自分でしてもらいましょう（自立支援）。
- 皮膚と皮膚の間はよく洗って、きれいに流しましょう。

4 浴そうに入る

①利用者の体調を確認します。
②利用者に介護の内容を説明して、同意を得ます。
③介護職の手でお湯の温度を確認します。お湯の温度は38℃〜40℃がよいです。

> 介護職の手で熱くないか確認しましょう

④浴そうの縁やバスボードに腰をかけ、健側からまたいで浴そうに入ってもらいます。

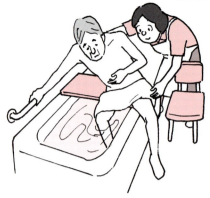

> バスボードが動かないか確認しましょう。バスボードにお湯をかけると冷たく感じません

> 患側に立ち、転倒しないように支えましょう

⑤臀部を上げバスボードを取り、ゆっくりと腰を下ろしてもらいます。

> 浴そうに落ちないように、介護職が臀部を支えましょう

⑥湯加減と姿勢を確認します。ときどき、表情や体調を確認します。

> 両肩にタオルをかけると肩まで温まります

> 表情やからだの色、汗などを観察し体調の変化に注意しましょう

> 入浴時間は、季節やお湯の温度を考えて、5〜10分ぐらいで調整しましょう

⑦バスボードに腰をかけて、浴そうから出てもらいます。

⑧患側を支えて、浴そうから足を出してもらいます。

> **介護のポイント**
> ・浴そうへの移動や出入りのときは転倒に注意して、介護職は患側に立ちましょう。
> ・入浴中は、姿勢が不安定にならないように確認しましょう。
> ・体調の変化に注意し、表情をよく観察しましょう。

5 入浴後

①浴そうから上がり、シャワーでお湯をかけます。

> 浴そうのお湯よりも少し熱めのお湯をかけると気持ちよいです

②脱衣室へ移動してもらって、利用者のからだをきれいに拭きます。

> 皮膚と皮膚の間も注意してよく拭きます

> からだはこすらずに押すように拭きましょう

③衣服を着ます。衣服を着る際は、患側から着てもらいます。

> できるところは自分でやってもらいましょう

④髪の毛を乾かします。ドライヤーを頭皮に近づけ過ぎないで、動かしながら乾かしましょう。

> **なぜ？**
> 近づけ過ぎると、ドライヤーの熱でやけどすることがあります。

⑤入浴で汗をかいています。脱水にならないように水分補給しましょう。

> **なぜ？**
> からだの水分がなくなると、脱水になることがあります。

介護のポイント

・入浴で疲れているので、体調の変化には注意しましょう。
・皮膚の乾燥を防ぐために、入浴後に、保湿クリームで保湿しましょう。
・利用者のからだが冷える前によく拭きましょう。

❸ 手浴・足浴の介護

手足が汚れたり、体調が悪くて入浴できないときなどに手浴・足浴を行います。

1 手浴・足浴の効果

①手足を温めるだけでも、からだ全体が温まります。
②血管が広がって血液循環がよくなるため、手足の冷たい感覚や浮腫[9]が軽くなります。
③からだが温まると眠くなるので、就寝前に行うとよく眠れます。
④毎日行うことで清潔が保てます。

2 手浴の手順

準備

必要物品はすぐに取れる場所に準備しておきます。

〈必要物品〉
- 洗面器
- バスタオル、フェイスタオル
- 石けんまたはボディソープ
- (温度計)

> 手浴後に使うものも準備をしておきましょう

手浴の手順

①利用者に体調を確認し、介護の内容を説明して、同意を得ます。
②温度を確認してから、洗面器に利用者の手を浸し、石けんで指の間をよく洗います。
③お湯をかけます。
④洗い流したあとは、タオルで手をよく拭きます。
⑤体調の変化と痛みの有無を確認し、片付けます。

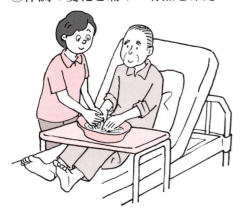

> 手浴後はつめがやわらかくなっているので、つめ切りをするとよいです

3 足浴の手順

準備

必要物品はすぐに取れる場所に準備しておきます。
〈必要物品〉
- 洗面器など
- バスタオル、フェイスタオル
- 石けんまたはボディソープ
- （温度計）

> 足浴後に使うものも準備しておきましょう

足浴の手順

① 利用者に体調を確認し、介護の内容を説明して、同意を得ます。
② 温度を確認してから、洗面器にお湯を入れて、両足を入れてもらいます。
③ 片足ずつお湯から出し、かかとを支え、石けんをつけて足の指の間も洗います。
④ 足をすすいだら、洗面器を取り、バスタオルで足をよく拭きます。
⑤ 体調の変化と痛みの有無を確認し、片付けます。

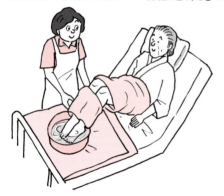

> 座位の姿勢がとれる利用者は、いすに座ったり、端座位で行います

> 足浴後はつめがやわらかくなっているので、つめ切りをするとよいです

介護のポイント

・お湯がこぼれてもよいように、バスタオルを敷いておきましょう。
・手浴、足浴をしているときに、手や足をマッサージすると気持ちよいです。
・会話をしながら行うと、楽しい時間となります。

❹ 洗髪の介護

1 ベッド上での洗髪の介護

　頭皮と髪を洗うと、汚れが取れて血行がよくなって、気分もよくなります。ベッドの上で洗髪する場合は、洗髪器を使うと洗髪が行えます。利用者の体調や、気持ちよく洗髪できることを考え、方法を選びます。

ベッド上での洗髪の手順

①利用者に体調を確認し、介護の内容を説明して、同意を得ます。

②枕を取り、頭から肩の下に防水シーツとバスタオルを敷きます。

③洗髪器を、頭の真下に置きます。

④くしで髪をとかして、汚れやふけを浮かせます。

⑤頭部全体にお湯をかけます。

⑥シャンプーを泡立て、指の腹で頭皮を洗います。

⑦蒸しタオルで泡を取ります。

⑧よくすすぎます。

⑨洗髪器を取って、バスタオルで頭を拭きます。

⑩髪をドライヤーで乾かします。

介護のポイント

・衣服やシーツが濡れないようにしましょう。
・お湯で流す前に泡を拭き取ると、お湯の量が減らせます。
・ドライシャンプーを使うと、お湯がなくても洗髪できます。

洗髪が難しい場合の方法

　洗髪が難しい場合は、お湯で湿らせたタオルで拭いたり、ドライシャンプーを使ったりと、利用者に合わせて行います。お湯がなくても洗髪ができます。

---

❺ 清拭

1 清拭の方法

　清拭は、体調が悪くて入浴ができないときなどに行います。
　清拭には、**全身清拭**と**部分清拭**があります。プライバシーや保温に注意し、衣服は清拭する部分だけ脱がすようにします。

事前準備

● 室温を調整します。
● タオルやバスタオルを準備します。
● 着替えの衣服を準備します。
● 入浴時のお湯よりも熱めのお湯（50℃～55℃）を
　準備します。

なぜ？

タオルでからだを拭くため、40℃前後ではからだが冷えてしまいます。

148

2 上半身の清拭

①介護職はタオルの温度を確認してから、利用者にも確認をします。

②両腕は、指先から心臓に向けて拭いていきます。

> 皮膚の状態を観察しましょう

> なぜ？
> 心臓に向けて拭くと、血流がよくなります。

③胸は、汚れが溜まりやすいので丁寧に拭きます。

④腹部は、腸の流れにそって、「の」の形に拭きます。

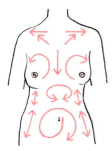

> なぜ？
> 「の」の形でマッサージすると、腸の働きを助けます。

⑤背部は、らせん状に拭きます。

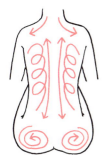

⑥拭き足りないところやかゆいところはないか、利用者に確認します。

3 下半身の清拭

①介護職はタオルの温度を確認してから、利用者にも確認をします。

②臀部は、外側から内側に円を描くように拭きます。

③陰部は、女性の場合は前から後ろへ、男性の場合は睾丸のしわを伸ばして拭きます。

> プライバシーや保温に注意し、衣服は清拭する部分だけ脱がすようにします

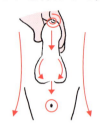
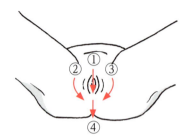

④鼠蹊部は、汚れが溜まりやすいため、皮膚が重なっている部分を伸ばして拭きます。

⑤足は、指先から心臓に向けて拭きます。

⑥拭き足りないところやかゆいところはないか、利用者に確認します。

介護のポイント

- 濡れたタオルで拭いたら、すぐに乾いたタオルで拭きましょう。
- 皮膚についた水分は、からだを冷やさないようにすぐに拭きましょう。
- タオルは、一度使ったところは使わないようにしましょう。
- こすらないで、軽く押すように拭きましょう。
- 清拭している間は、バスタオルをかけてプライバシーや保温に注意しましょう。

6 褥そうの予防

1 褥そうとは

長い時間臥床♣10していると、からだの血行の流れが悪くなります。骨の突出（出ている）部分に、傷ができてしまったものを「褥そう」と言います。「床ずれ」とも言います。できると治りにくいです。痛くて、傷口から感染することもあるので、予防することが大切です。

〈仰臥位の場合〉

〈側臥位の場合〉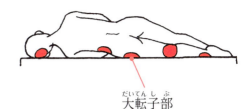

褥そうができやすいところ

大転子部

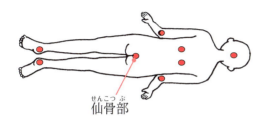

仙骨部

2 褥そうの予防

褥そうをつくらないためには、血行の流れを悪くしないようにします。姿勢を変えたり、皮膚を清潔にしたり、栄養をよくしたりすることが大切です。

①長い時間臥床している人は、座位になる時間をつくります。寝返りができない場合は、2時間に1回ぐらい、姿勢を変えます。やわらかいマットやクッションを使います。

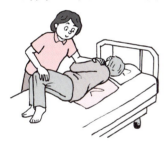

②入浴や排泄の介護では、皮膚を清潔にして、からだを観察します。

なぜ？
皮膚を清潔にするときに、褥そうのできやすい部分を観察することで、早く見つけられます。見つけたら、医療職にすぐに報告します。

③　栄養のある食事ができるようにします。

言葉の意味

♣1 **血行**…血液の流れ

♣2 **効果**…やったことで出るよい結果

♣3 **血液循環**…血液がからだの中を流れること

♣4 **爽快**…気持ちがよくなること

♣5 **和洋折衷式**…和式と洋式を合わせたもの

♣6 **ヒートショック**…急な温度差により、からだに負担がかかる症状

♣7 **消化**…体内に入れた食べ物の栄養をとったり、排泄しやすい状態にすること

♣8 **消化不良**…消化がうまくいかない状態

♣9 **浮腫**…皮膚の下に水分が溜まった状態

♣10 **臥床**…ベッドなどで寝ていること

Chapter 5 排泄の介護

❶ 排泄の介護を行う前に

1 排泄の意義

排泄は、からだの中のいらなくなったものを、からだの外に出すことです。排泄物には、汗や呼吸で出る二酸化炭素などがありますが、おもに介護では、「排尿」と「排便」のことです。

からだの中で食べ物や飲み物の必要な栄養がとり入れられて、いらなくなったものは外に出されます。

人間は、食べないと栄養が足りなくて死んでしまいますが、排泄物をからだの外に出せない状態が長くなっても、死ぬことがあります。排泄は、人が生きるために大切なことです。

2 排泄に関係するからだの部位

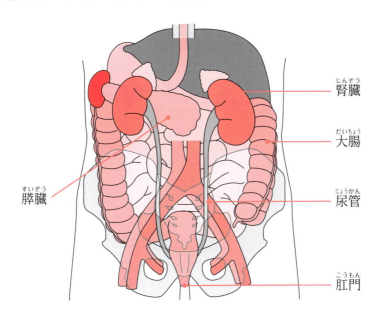

③ 排泄物の状態

	尿		便	
	正常 ♣1	異常 ♣2	正常	異常
回数／日	(昼) 4～8回 (夜) 0～1回	1日10回以上 [頻尿]	1日1～3回 ※個人差がある	排便がない、 少量しか出ない
量	(1日) 1000～2000ml (1回) 150～250ml	(多い) ＝多尿 (少ない) ＝乏尿	(1日) 150～200g	↓ 便秘

観察のポイント

● 爽快感があるか。
● 排尿・排便したときに痛みがあるか。
● 尿意 (尿がしたいという感覚)、便意 (便がしたいという感覚) があるか。

下痢

● 水分が多くて、やわらかい便を下痢便と言います。
● 下痢が続くと、脱水症状を起こすことがあります。
● お湯やスポーツドリンクなどで水分補給をします。
● 下痢の症状は、感染症♣3 の場合もあります。
● 下痢の処理♣4 は、使い捨て♣5 手袋を使います。

便秘

● 便がまったく出なかったり、少量しか出ない状態が続くことを便秘と言います。
● 便秘を予防するには、規則的な排便習慣をつけます。
● 食物繊維♣6 がたくさん入った食事や、水分を十分にとります。
● 適度♣7 に運動します。
● それでも改善♣8 しない場合は、医療職に報告します (下剤♣9 などの処方)。

介護のポイント

トイレ誘導などのために、利用者が排泄した時間、回数を記録物から把握するようにしましょう。

154

4 尿意・便意を感じてからの排泄行為

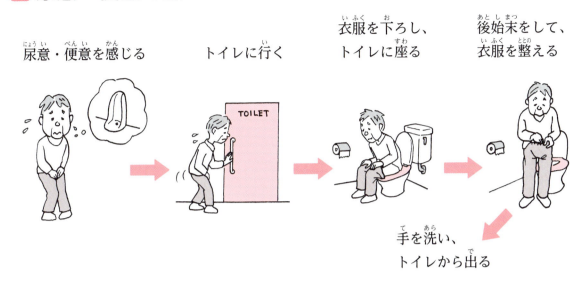

失禁

- 尿や便がトイレでできないで、衣服を汚してしまうことを失禁と言います。
- 認知症の人は、トイレの場所がわからない、便座に座れないなどのために失禁することが多いです。
- 女性は、くしゃみをしたときや、お腹に力が入ったときに失禁することが多いです。

介護のポイント

排泄しているところや、排泄物を他の人に見られるのは恥ずかしいことです。利用者の気持ちを考えて、できるだけ恥ずかしくないように、利用者が自分で排泄できるように介護することが大切です。

何度も排泄を失敗すると、自信がなくなります。生活意欲♣11 も低下して、自立した生活が難しくなります。

5 排泄環境の整備

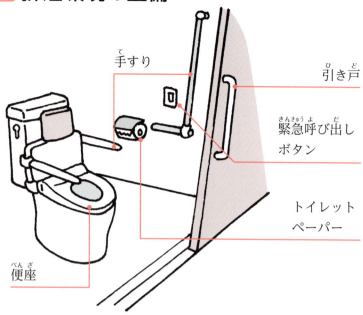

- 立ち上がりやすくするために、便座のまわりには手すりが必要です。
- 立ち上がる力が弱くなっている利用者に対しては、便座を高くして座りやすくします。
- 緊急呼び出しボタンで、困ったときや排泄が終わったときに介護職を呼ぶことができます。
- トイレのドアは、引き戸がいいでしょう。車いすの利用者でも開けられます。

トイレの表示

トイレの表示には、さまざまなものがあります。

一般的なトイレ

多目的トイレ

車いすで入ることができたり、おむつ替えシート、ベビーチェアを備えたトイレ

6 排泄に関する用具 ♣12

尿器・便器

尿器（女性用） 　　　尿器（男性用）　　　差し込み便器

- 尿器は、尿意のある利用者が、トイレへの移動、ポータブルトイレへの移乗や座って排泄することが難しいときに使います。
- 差し込み便器は、便意のある利用者が、トイレへの移動、ポータブルトイレへの移乗や座って排泄することが難しいときに使います。

ポータブルトイレ

ポータブルトイレは、利用者が尿意・便意があってもトイレまで我慢できないときや、移動が難しいときに使用します。

プラスチック型　　　　　　木製いす型

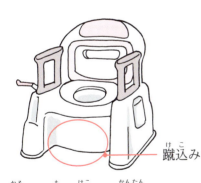 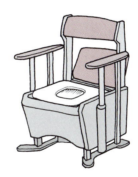

蹴込み

軽くて持ち運びが簡単で、蹴込み（足を後ろに引くことができるスペース）があれば、足を後ろに引くことができて、立ち上がりやすくなる

重くて持ち運びにくいが、安定している。家具のように見える

おむつ

紙おむつ（履くタイプ）

テープ型おむつ

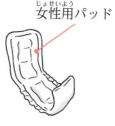
女性用パッド

男性用パッド

紙おむつの種類	尿量	どんな人に使用するか
履くタイプのおむつ	300ml～500ml前後	・衣服の着脱が簡単にできる人 ・立位がとれ、動ける人
テープ型のおむつ	300ml～750ml前後	・腰が上げにくい人 ・衣服の着脱が難しい人
フラット型のおむつ	300ml前後	・おむつのあて方に補正♣13が必要な人
尿とりパッド	100ml～250ml	・尿量が少ない人 ・尿意はあるが失敗してしまう人 ・テープ型などと組み合わせて使う人

❷ トイレでの排泄の介護

1 トイレでの排泄の介護の注意点

①利用者ができるだけ自立できるように介護します。

②手すりや、介護をする広さがあるかなど、安全に気をつけて介護します。

③暑くなく、寒くないように、適切な室温にします。

④トイレのドアやカーテンを閉めて、プライバシーを確保♣14します。

⑤清潔が保持♣15できるように介護します（後始末が難しい利用者は介護職が拭いたり、清拭をします）。

⑥排泄物の量、色、性状♣16などに異常がないか観察♣17をします。

● 自分で流せる利用者は排便の確認が難しくなることが多くあるので、医療職と相談しましょう。

2 トイレでの排泄の介護の手順（一部介助）

①利用者の体調を確認します。

②利用者に介護の内容を説明し、同意を得ます。
- 利用者はからだが動きにくくなると、トイレに行きたくなくて、拒否することがあります。
- 介護職は、利用者の気持ちを考えて、声かけをします。

③トイレに移動し、車いすを便座の近くに止めます。利用者に健側の手で手すりにつかまってもらい、立ち上がりを介護します。

手すりがつかめるところに車いすを置きます
トイレは転倒しやすいので、気をつけましょう

ズボンが下げられる利用者は、自分で下げてもらいます
転倒に気をつけて、支えます

④利用者が安定して立てているか確認して、利用者を支えながらズボンを下ろします。利用者は便座がある位置にからだの向きを変えて、便座に座ります。

利用者が静かに座れるように、介護職は両手で腰を支えます

排泄時は、かかとを上げ、前かがみになると排泄しやすいです

⑤排泄が終わったら、呼び出しボタンで介護職を呼ぶように説明して、トイレの外に出ます。

⑥呼び出しがあったら、トイレの中に入ります。利用者にトイレットペーパーで拭いてもらい、拭き残しがあれば利用者に確認を行い、手袋をしてトイレットペーパーで清拭します。

なぜ？
排泄の音などを聞かれるのは恥ずかしいことです。
転倒の危険がない利用者を介護するときは、少し離れたところで呼び出しを待ちましょう。

紙おむつなどに排泄物が出ていたときは、陰部や臀部を清拭します。

⑦介護職は車いすを健側に置き、手すりなどにつかまって立ち上がりを介護します。

⑧利用者が安定して立てれば、介護職は患側を支えながらズボン、下着を上げます。

自分でズボンが上げられる利用者は上げてもらいます。転倒に注意して支えます

⑨手を洗ってもらい、健側に置いた車いすに座る介護をします。

便座から車いすへの移動は、車いすの位置に気をつけて、転倒に注意して介護します

⑩下着、ズボンがきちんと履けているか、車いすにしっかり座れているかを確認し、体調の変化と痛みの有無を確認します。

ゆったりと気兼ね♣18なく排泄できるように、介護することが大切です

覚えておこう！

トイレでの転倒に注意

　転倒は、いつでも起こります。トイレやポータブルトイレでの排泄では、朝3時から6時ごろに多いです。よく眠れなくて、睡眠剤を飲んでいる利用者はふらつくため危ないです。
　転倒の原因は、「暗い」「眠くてふらふらする」「夜は血圧が下がり、立ちくらみする」などいろいろあります。自分でトイレに行ける利用者でも、注意しなければなりません。

❸ ポータブルトイレでの排泄の介護

1 ポータブルトイレでの排泄の介護の注意点

①利用者ができるだけ自立できるように介護します。

②手すりや足元にマットを敷くなど、安全に気をつけて介護します。

③暑くなく、寒くないように、適切な室温にします。

④カーテンを閉めたり、バスタオルなどをして、プライバシーを確保します。

> 日中はトイレで、夜はポータブルトイレで排泄している利用者もいます。夜は、暗いことや足元に力が入りにくいので、ポータブルトイレだと「安心」できます

⑤清潔が保持できるように介護します（後始末が難しい利用者は介護職が拭いたり、清拭をしたりします）。

⑥排泄物の量、色、性状など異常がないか観察をします。

⑦部屋ににおいが残らないように、消臭剤などを使います。

2 ポータブルトイレでの排泄の介護の手順（一部介助）

①利用者の体調を確認します。

②利用者に介護の内容を説明して、同意を得ます。

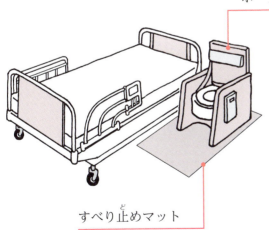

ポータブルトイレ

すべり止めマット

> 排泄用具が頭側にあると、利用者が不快に感じます
> ポータブルトイレの位置は、足元側に置くことが基本です

> マットと床との段差に気をつけます

③端座位になる介護をします。

④ベッドの手すりにつかまってもらって立ち上がりの介護をします。

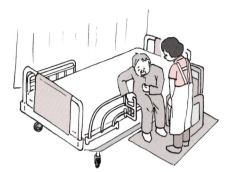

ポータブルトイレに手すりがついていない場合は、可変式のサイドレールがあると便利です

⑤利用者が、安定して立てているか確認して、ズボンと下着を下ろします。

ズボンが下げられる利用者は自分で下げてもらいます。転倒に注意して支えます

⑥利用者はポータブルトイレのある位置にからだの向きを変えて、便座に座ります。

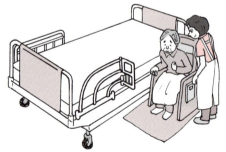

便座の位置が遠いと、転倒などの危険があります。座る前に、もう一度ポータブルトイレの位置を確認しましょう

⑦排泄が終わったら、呼び出しボタンで呼ぶように説明して、居室の外に出ます。

⑧呼び出しがあったら、居室の中に入ります。利用者が清拭できていないところは手袋をして清拭します。

なぜ？
排泄の音などを聞かれるのは恥ずかしいことです。
転倒の危険がない利用者を介護するときは、少し離れたところで呼び出しを待ちましょう。

⑨ベッドの手すりにつかまってもらって立ち上がりの介護をします。

> ズボンが上げられる利用者は自分で上げてもらいます。転倒に注意して支えます

⑩利用者が安定して立てれば、ズボンと下着を上げます。

⑪利用者の腰を支えながら、ベッドに座る介護をします。

⑫ベッドに横になる介護をします。

> 端座位からベッドに横になるときは、腕がからだの下にならないように、利用者の両腕は胸の前で組みます

⑬利用者はおしぼりで手を清潔にします。介護職は、衣服の着心地、体調の変化と痛みの有無を確認します。

⑭退室のあいさつをして、居室から出ます。

❹ 尿器や便器を使用した排泄の介護

1 尿器や便器を使用した排泄の介護の注意点

①利用者ができるだけ自立できるように介護します。

②利用者に合わせた尿器や便器を使用します。

③暑くなく、寒くないように、適切な室温にします。

④カーテンを閉めたり、バスタオルなどをして、プライバシーを確保します。

⑤清潔が保持できるように介護します（後始末が難しい利用者は介護職が拭いたり、清拭をしたりします）。

⑥排泄物の量、色、性状など異常がないか観察をします。

⑦部屋ににおいが残らないように、消臭剤などを使います。

2 尿器や便器を使用した排泄の介護の手順（一部介助）

①体調を確認します。

②利用者に介護の内容を説明して、同意を得ます。

③カーテンを閉めて、介護の準備をします。

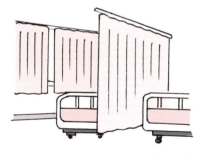

④バスタオルなどを利用者の足元に置いて、利用者のズボンをひざまで下げます。

⑤利用者に側臥位になってもらって、防水シートをからだの下に敷きます。

⑥利用者に仰臥位になってもらって、防水シートを伸ばします。

⑦利用者に側臥位になってもらって、便器を利用者の臀部にあてた状態で、仰臥位に戻ってもらいます。

足元側から入れる方法もあります

⑧臀部にしっかり便器があたっているか確認します。

⑨頭側をギャッチアップします。

なぜ？
ギャッチアップすると、腹圧がかかり、排泄しやすくなります。角度が大きいと、便器がはずれやすくなるので気をつけます。

⑩排泄が終わったら、呼び出しボタンで呼ぶように説明して、居室の外に出ます。

⑪呼び出しがあったら、居室の中に入ります。ギャッチアップを戻し、介護職は手袋をして、利用者に側臥位になってもらい、便器を取ります。

⑫トイレットペーパーで汚れを拭き取り、清拭しながら臀部、腰部の皮膚の観察をします。
⑬側臥位の状態で、防水シートを丸めてからだの下に入れ、ズボンを上げます。
⑭仰臥位になってもらって、防水シートを取ります。

⑮利用者におしぼりで手を清潔にしてもらいます。介護職は、衣服の着心地、体調の変化と痛みの有無を確認します。

⑯シーツやふとんを整えます。

⑰消臭できているかを確認して、カーテンを開けます。介護職は手を洗います。

⑱退室のあいさつをして、居室を出ます。

> **介護のポイント**
> 排泄の介護が終わったら、排泄の有無や量、状態などの記録をすることが大切です。

❺ ベッド上での紙おむつを使用した排泄の介護

1 ベッド上での紙おむつを使用した排泄の介護の注意点

①利用者のからだの大きさ、尿量などに合ったおむつを選びます。

②暑くなく、寒くないように、適切な室温にします。

③カーテンを閉めて、プライバシーを確保します。

④陰部・臀部の清拭や洗浄をし、清潔を保持します。

⑤排泄物の量、色、性状など異常がないか観察をします。

⑥部屋ににおいが残らないように、消臭剤などを使います。

2 ベッド上での紙おむつを使用した排泄の介護の手順(全介助)

①利用者の体調を確認します。

②利用者に介護の内容を説明して、同意を得ます。

③カーテンを閉めて、介護の準備をします。

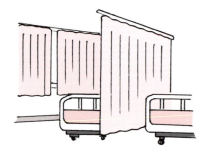

④バスタオルなどを利用者の足元に置いて、利用者のズボンを膝まで下げます。

> 利用者のひざを立てられると介護が楽にできます
> 立てられない利用者は伸ばしたまま介護します

⑤おむつを開け、排泄物の状態を確認します。

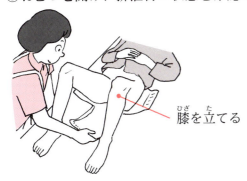

膝を立てる

⑥陰部を洗浄と清拭し、側臥位になってもらいます。

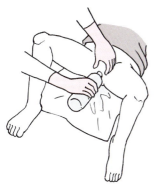
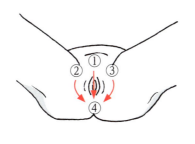

> 陰部は、肛門の方向に向かって上から下に拭きます

⑦臀部を洗浄と清拭し、汚れたおむつを内側に丸めます。

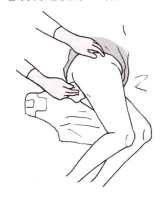

> 臀部は、陰部に汚れがいかないように、肛門から腰の方向に拭きます

> 横を向くと、腹圧がかかって尿が出てしまう利用者もいるので、手早く♣19行います

⑧新しいおむつを開き、丸めた汚れたおむつの下に入れます。

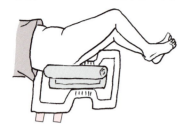

⑨仰臥位になってもらいます。

⑩汚れたおむつを引き出し、取ります。

> 排泄物が、おむつから出ないように取り出すと清潔です

⑪新しいおむつを利用者のからだに合わせます。

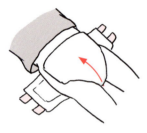 

> テープは、矢印の方向にしっかり締めます

⑫手袋を取り、利用者のズボンを上げ、衣服の着心地、体調の変化と痛みの有無を確認します。

⑬シーツやふとんを整えます。

⑭消臭できているかを確認して、カーテンを開けます。

> 消臭スプレーなどは、利用者にかからないようにします

⑮退室のあいさつをして、居室を出ます。

男性の尿とりパッドのあて方

> 尿とりパッドを陰茎に巻きつけると漏れにくいです

使い捨て手袋の交換方法

排泄の介護では、感染予防のために「使い捨て手袋」を使います。次の利用者を介護するときは新しい手袋を使います。

 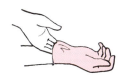 

📖 覚えておこう！

紙おむつを使用した排泄の介護では、大きい声で説明すると、恥ずかしく感じる利用者もいるので注意しましょう。

❻ 立位での紙おむつのつけ方

トイレや、入浴後の浴室での介護のときに立位で紙おむつをつけます。

立位でのつけ方のポイント

- 利用者がしっかり立っていられるようにする（立位を保つのが難しければ、複数の介護職がいること）
- 臀部にあてた紙おむつを介護職の腸骨やふとももなどで固定[20]し、ずれないようにする
- 適切に紙おむつをつける（ゆるかったり、きちんとついていないと尿もれの原因になる）

❼ おむつを使うことによる影響

トイレ→ポータブルトイレ→尿器・便器→おむつの順番のように、おむつを使うことは最後の手段です。

社会面	・においが気になる、おむつをしていることの恥ずかしさがある	外出したくなくなる
		人間関係が悪くなる
	・おむつはお金がかかる	経済的負担が大きい
精神面	・自尊心が低下する	認知症が進行する
	・生活意欲が低下する	
身体面	・トイレに行くことがなくなり運動量が減る	廃用症候群が進行する
		寝たきりになる
	・陰部や臀部の清潔が保てなくなる	皮膚トラブルが増える

外に出たくなくなります……

生活意欲が低下します……

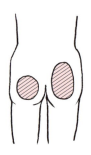

清潔が保てなくなります……

言葉の意味

♣1 **正常**…ふつうで変わったところが
ないこと

♣2 **異常**…いつもと違っていること

♣3 **感染症**…病気の原因になるものが
からだの中に入って起こる病気

♣4 **処理**…必要なことをすること

♣5 **使い捨て**…一回だけ使って捨てて
しまうこと

♣6 **食物繊維**…食べ物の中にあるも
の。腸を整えて便秘を予防する

♣7 **適度**…ちょうどよい

♣8 **改善**…よくなる

♣9 **下剤**…便秘を改善する薬

♣10 **後始末**…終わった後に片づけるこ
と。この場合は、排便、排尿の後
を拭いて、きれいにすること

♣11 **意欲**…〜したいという気持ち

♣12 **用具**…使う道具

♣13 **補正**…直して合うようにすること

♣14 **確保**…しっかり持っていること

♣15 **保持**…同じ状態を続けること

♣16 **性状**…ものの性質と状態

♣17 **観察**…よく見ること

♣18 **気兼ねする**…遠慮する

♣19 **手早い**…手でするのが早い

♣20 **固定**…動かないようにする

参考文献

- 平成29年度社会福祉推進事業「介護分野における技能実習制度の標準的な教育プログラムに関する調査研究事業」『技能実習制度（介護職種）入国後講習用教材』一般社団法人シルバーサービス振興会、2018
- 小山珠美『口から食べる幸せを守る —— 生きることは食べる喜び』主婦の友社、2017
- 菊谷武『「食べる」介護がまるごとわかる本 —— 食事介助の困りごと解決法から正しい口腔ケアまで、全部教えます』メディカ出版、2012
- 井藤英喜・高橋龍太郎・是枝祥子監修『写真でわかるシリーズ 写真でわかる生活支援技術 —— 自立を助け、尊厳を守る介護を行うために』インターメディカ、2011
- 介護福祉士養成講座編集委員会編『新・介護福祉士養成講座7 生活支援技術Ⅱ 第3版』中央法規出版、2014
- 川村佐和子・後藤真澄・中川英子・山崎イチ子・山谷里希子編著『介護福祉士養成テキスト11 生活支援技術Ⅳ —— 自立に向けた食事・調理・睡眠・排泄の支援と終末期の支援』建帛社、2009
- 井上千津子・澤田信子・白澤政和・本間昭監修、柴田範子編『介護福祉士養成テキストブック6 生活支援技術Ⅰ』ミネルヴァ書房、2009
- 千葉典子編著『介護福祉士実践ブック12 介護概論・基本介護技術』共栄出版、2002

働く場所の理解

技能実習生が働く施設

技能実習生のみなさんが働いている事業所・施設などを紹介します。
　介護が必要な人は、施設以外にもいます。自宅で介護を受けて生活している人もいますが、みなさんが日本で働く場所は利用者の自宅ではありません。
　ここでは、多くの技能実習生が働く施設などを紹介します。

1 介護老人福祉施設（特別養護老人ホーム）

認知症など常に介護が必要で、自宅での生活が難しい人のための施設です。入浴、排泄、食事などの支援や、機能訓練（リハビリテーション）などを行います。
　日本では、おもに「社会福祉法人」と言う社会福祉事業を行う法人が運営しています。

2 介護老人保健施設

病院から退院した人などが、自分の家に帰って生活できるように支援する施設です。看護、機能訓練（リハビリテーション）、食事や入浴などの日常生活の介護を行います。

3 認知症対応型共同生活介護（グループホーム）

認知症がある高齢者が、できるだけ自立した生活を送るために、共同で生活する住居です。自分の家のような環境で、食事や入浴などの日常生活の介護や、機能訓練（リハビリテーション）などを行います。

4 介護付き有料老人ホーム

常に介護が必要で、自宅での生活が難しい人のための施設です。入浴、排泄、食事などの日常生活の介護や、機能訓練（リハビリテーション）などを行います。

1 の特別養護老人ホームと違い、介護付き有料老人ホームはおもに企業などが運営しています。

5 通所介護（デイサービス）

利用者ができるだけ自宅で自立した生活を送ることができるよう、日中に通える施設です。入浴、食事などの日常生活の介護、機能訓練（リハビリテーション）やレクリエーションを行います。また、利用者の自宅から施設まで送迎もします。

1 の特別養護老人ホームや、2 の介護老人保健施設などが運営していることもあります。

6 病院

病気やけがを治療するために医療を提供しています。みなさんは、介護が必要な患者に食事や入浴などの支援を行います。

日本では、おもに「医療法人」と言う医療を行う法人が運営しています。

7 障害者支援施設

介護や援助が必要で、自宅で生活することが難しい障害者のための施設です。身体障害、精神障害、知的障害などさまざまな人が対象です。入浴、排泄、食事などの日常生活の介護や、機能訓練（リハビリテーション）などが行われています。

日本では、おもに「社会福祉法人」と言う社会福祉事業を行う法人が運営しています。

利用者の1日の生活

介護老人福祉施設での生活の例

AM 6：00　起床・モーニングケア
　　　　　身じたく・排泄　など

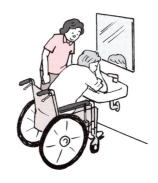

AM 7：00　朝食・口腔ケア

AM 8：00
〜10：00　自由時間

AM 10：00　レクリエーション活動・入浴など

PM 12：00　昼食・口腔ケア

PM 2：00　レクリエーション活動・入浴など

PM 3：00　ティータイム

PM 3：00
～6：00　自由時間

PM 6：00　夕食・口腔ケア

PM 7：00
～9：00　自由時間

PM 9：00　就寝

技能実習生を保護するしくみ

「外国人技能実習制度」は、技能実習生のみなさんに、日本の産業等に関する「技能」、「技術」、それらを支える「知識」を習得してもらい、帰国後、自国の産業の発展に活躍してもらうことを目的としています。

「外国人技能実習制度」は以前からありますが、技能実習生の保護を図るため、新たに「外国人の技能実習の適正な実施及び技能実習生の保護に関する法律」（以下、「技能実習法」という。）を定め、平成29年11月に施行されました。

技能実習法　基本理念

○ 技能実習は、技能等の適正な修得等のために整備され、かつ、技能実習生が技能実習に専念できるようにその保護を図る体制が確立された環境で行われなければならない。

○ 技能実習は、労働力の需給の調整の手段として行われてはならない。

技能実習法には、関係する人々の責務も規定されています。

国

この法律の目的を達成するため、基本理念に従って、技能実習の適正な実施及び技能実習生の保護を図るために必要な施策を総合的かつ効果的に推進しなければならない。

実習実施者（事業所・施設）

技能実習の適正な実施及び技能実習生の保護について技能実習を行わせる者としての責任を自覚し、基本理念にのっとり、技能実習を行わせる環境の整備に努めるとともに、国及び地方公共団体が講ずる施策に協力しなければならない。

監理団体

技能実習の適正な実施及び技能実習生の保護について重要な役割を果たすものであることを自覚し、実習監理の責任を適切に果たすとともに、国及び地方公共団体が講ずる施策に協力しなければならない。

技能実習生

技能実習に専念することにより、技能等の修得等をし、本国への技能等の移転に努めなければならない。

1 技能実習法で禁止されていること

　技能実習法は、監理団体や事業所・施設に対して、①～③のことを禁止しています。これらは、許可を受けた監理団体以外にも、実習管理を行う者も含まれます。また、ここでは事業所・施設がでてきませんが、事業所・施設は「労働基準法」という法律で同じことが禁止されています。

①監理団体が、暴力、脅迫、監禁その他精神又は身体の自由を不当に拘束する手段によって、技能実習生の意思に反して技能実習を強制すること。
（技能実習法第46条）

②監理団体が、技能実習生等（技能実習生又は技能実習生になろうとする者）又はその配偶者や家族などから、契約の不履行について、違約金を定め、又は損害賠償額を予定する契約をすること。また、契約に付随して貯蓄の契約をさせたり、技能実習生の貯蓄金を管理する契約をすること。
（技能実習法第47条）

③技能実習を行わせる者＊が、旅券（パスポート）・在留カードの保管をすること。また、技能実習生の外出その他の私生活の自由を不当に制限すること。　（技能実習法第48条）
※技能実習を行わせる者…認定を受けた事業所・施設や監理団体のほか、認定を受けずに技能実習を行わせるや許可を受けずに実習監理を行う者も含まれます。

2 相談・通報等の窓口

　みなさんを受け入れている事業所・施設や監理団体は、外国人技能実習機構が認定した「技能実習計画」に従って、実習を行います。事業所・施設や監理団体が、この「技能実習計画」に違反した場合、外国人技能実習機構は改善を命じたり、計画の認定取り消しを行うことができます。

　1 にあてはまるときや、事前に受けた説明と実習内容が違うときは、我慢せずに相談しましょう。

相談・通報等の窓口

　技能実習生（代わりの人でも可能）であれば、誰でも、電話、電子メール、手紙によって、相談・通報ができます。電話は無料です。

　相談したことで、監理団体や事業所・施設から不利益な扱いを受けることも法律で禁じられています。安心して相談してください。

対応言語	受付日時	電話番号 ※受付日以外は留守番電話で受け付けています	母国語相談サイトURL
ベトナム語	月・水・金 11:00 ～ 19:00	0120-250-168	http://www/support/ otit/go/jp/soudan/vi/
中国語	月・水・金 11:00 ～ 19:00	0120-250-169	http://www/support/ otit/go/jp/soudan/cn/
インドネシア語	火・木 11:00 ～ 19:00	0120-250-192	http://www/support/ otit/go/jp/soudan/id/
フィリピン語	火・土 11:00 ～ 19:00	0120-250-197	http://www/support/ otit/go/jp/soudan/phi/
英語	火・土 11:00 ～ 19:00	0120-250-147	http://www/support/ otit/go/jp/soudan/en/
タイ語	木・土 11:00 ～ 19:00	0120-250-198	http://www/support/ otit/go/jp/soudan/th/
カンボジア語	木 11:00 ～ 19:00	0120-250-366	http://www/support/ otit/go/jp/soudan/kh/
ミャンマー語	金 11:00 ～ 19:00	0120-250-302	http://www/support/ otit/go/jp/soudan/mm/

手紙の送付先：〒108-022　東京都港区海岸３−９−15　LOOP-X　３階
外国人技能実習機構技能実習部援助課

③ 母国語で情報を得たいとき

技能実習機構のHPには、技能実習法の内容、外国人技能実習制度、相談方法などが、みなさんの言語で用意されています（8か国語）。

特に、「技能実習手帳」は便利です。技能実習手帳には、雇用条件、保険、日本での生活のルールなどが記載されています。

技能実習機構のHP

https://www.otit.go.jp

④ その他、技能実習生が守られていること

実習先の変更

技能実習生が事業所・施設や監理団体での技能実習の継続が難しくなった場合には、他の事業所・施設や監理団体に移ることができます。技能実習機構に確認しましょう。

一時宿泊先

技能実習生が宿泊施設に宿泊することができない場合、外国人技能実習機構が一時的に宿泊先を提供します。

技能実習評価試験の受検手続き支援

技能実習生は各号修了時に試験を受けます。次号への在留資格の変更のためには、合否結果を早く出す必要があります。外国人技能実習機構では、手続きを早くするために受検手続き支援を行っています（試験の申し込みは監理団体から）。

監修・編者・日本語監修・執筆者一覧 （50音順）

監 修

一般社団法人シルバーサービス振興会

編 者

石本　淳也（いしもと　じゅんや）
公益社団法人日本介護福祉士会会長

白井　孝子（しらい　たかこ）
東京福祉専門学校副学校長

竹田　幸司（たけだ　こうじ）
田園調布学園大学人間福祉学部准教授

日本語監修

橋本　由紀江（はしもと　ゆきえ）
一般社団法人国際交流＆日本語支援Ｙ代表理事

執 筆 者

青木　宏心（あおき　ひろむね）……………………………… Part2 Chapter1・参考
桜美林大学老年学総合研究所連携研究員

石岡　周平（いしおか　しゅうへい）……………………………… Part2 Chapter5
町田福祉保育専門学校介護福祉学科主任

片桐　幸司（かたぎり　こうじ）……………………………… Part1 Chapter4
群馬県医療福祉大学短期大学部教授

鎌田　恵子（かまた　けいこ）……………………………… Part1 Chapter7
福島介護福祉専門学校副校長兼教務部長

金　圓景（きむ　うぉんぎょん） ·· Part1 Chapter6
筑紫女学園大学人間科学部准教授

佐伯　久美子（さえき　くみこ） ·· Part2 Chapter2・4
読売医療福祉専門学校介護福祉学科専任教員

清水　正彦（しみず　まさひこ） ·· Part2 Chapter4
社会福祉法人蓬莱会特別養護老人ホームこころ三芳相談課主任

白井　幸久（しらい　ゆきひさ） ·· Part1 Chapter2
群馬県医療福祉大学短期大学部教授

竹田　幸司（たけだ　こうじ） ·· Part2 Chapter1・3
田園調布学園大学人間福祉学部准教授

田中　雅子（たなか　まさこ） ·· Part1 Chapter3
社会福祉法人富山県社会福祉協議会富山県福祉カレッジ教授

橋本　由紀江（はしもと　ゆきえ） ·· 言葉の意味
一般社団法人国際交流＆日本語支援Ｙ代表理事

二渡　努（ふたわたり　つとむ） ·· Part1 Chapter1・5
東北福祉大学総合福祉学部講師

外国人技能実習生（介護職種）のための
よくわかる介護の知識と技術

2019年4月25日　初版発行
2023年5月20日　第4刷発行

監　修　　一般社団法人シルバーサービス振興会
発行者　　荘村明彦
発行所　　中央法規出版株式会社
　　　　　〒110-0016　東京都台東区台東3-29-1　中央法規ビル
　　　　　TEL 03-6387-3196
　　　　　https://www.chuohoki.co.jp/

本文デザイン　松崎知子
装幀デザイン　松崎知子
イラスト　　　海山幸　パント大吉
印刷・製本　　株式会社ルナテック

定価はカバーに表示してあります。
落丁本・乱丁本はお取り替えいたします。

ISBN978-4-8058-5856-1

本書のコピー、スキャン、デジタル化等の無断複製は、著作権法上での例外を除き禁じられています。また、本書を代行業者等の第三者に依頼してコピー、スキャン、デジタル化することは、たとえ個人や家庭内での利用であっても著作権法違反です。

本書の内容に関するご質問については、下記URLから「お問い合わせフォーム」にご入力いただきますようお願いいたします。
https://www.chuohoki.co.jp/contact/